JÉSUS A TOUT CHANGÉ

JÉSUS A TOUT CHANGÉ

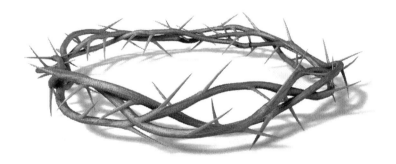

IL A CHANGÉ L'HISTOIRE

IL PEUT CHANGER VOTRE HISTOIRE

ANTOINE F. RUSSO

Jésus a tout changé

Il a changé l'histoire, il peut changer la vôtre

Copyright © 2023 par Antoine F. Russo

ISBN : 978-0-9982445-9-4

Sauf indication contraire, les textes bibliques sont tirés de la Bible Louis Segond version revue 2020®. Copyright © 2020 par Éditions centre d'enseignement biblique. Utilisé avec l'autorisation de l'auteur. Tous droits réservés.

Conception de la couverture et composition par www.greatwriting.org

Imprimé aux États-Unis d'Amérique

Publié par Broken Road Books

www.GraceAndPeaceRadio.com
www.JesusChangedEverythingBook.com

Pour les commandes en gros, veuillez nous contacter à l'adresse suivante :
bulk@JesusChangedEverythingBook.com

Dédicaces et remerciements

A John,
Un véritable ami depuis plus de trente ans.

A Joe,
Mon frère aîné et celui qui m'a dit le premier que Jésus
avait tout changé.

Je remercie tout particulièrement Jim Holmes
de GreatWriting.org, Andrew Rappaport de
StrivingForEternity.org et la Christian Podcast
Community, mes premiers lecteurs bêta, ainsi que ma
femme et co-animatrice, Aimee, qui manie
le stylo rouge de la rédaction.

TABLE DES MATIÈRES

Jésus a tout changé

Vous lisez peut-être ce livre parce que je vous l'ai donné lorsque nous nous sommes rencontrés dans un magasin ou un café. Ou peut-être que quelqu'un vous a donné une copie. Quelle que soit la manière dont il est arrivé entre vos mains, permettez-moi de vous dire *que je suis heureux que nous nous soyons rencontrés. Merci d'avoir pris le temps de le lire.*

Les cafés, un délicieux repas dans un bon restaurant, le travail et le sommeil font partie de l'expérience humaine universelle. La vie est pleine de ce genre d'activités quotidiennes. Et si nous avons en commun de nombreux événements heureux, la douleur et la souffrance font également partie de la vie de chacun d'entre nous.

Lorsque le patriarche Jacob s'est vu demander son âge par Pharaon en Égypte, sa réponse n'a pas été des plus heureuses : "Les jours des années de ma vie ont été peu nombreux et mauvais, et ils n'ont point atteint les jours des années de la vie de mes pères durant leur pèlerinage. . .". (Genèse 47.9). Job—un homme dont la vie est considérée comme l'exemple même de la souffrance depuis au moins cinq mille ans—a dit : "L'homme naît pour souffrir, Comme l'étincelle pour voler" (Job 5.7).

Si vous et moi demandions à cent personnes dans la rue ce qu'elles vivent, nous entendrions toutes sortes de difficultés :

"Je me noie dans les dettes."

"J'ai perdu mon emploi/je n'arrive pas à en trouver un".

"Je suis en train de divorcer."

"Je m'interroge sur ma sexualité."

"On vient de me diagnostiquer...... et ça n'a pas l'air d'aller."

"J'ai un membre de ma famille en prison".

"Je suis dépendant / je connais quelqu'un qui est dépendant".

"Quelqu'un de proche est mort."

"J'ai peur."

"Je suis en colère."

"Je suis déprimé depuis longtemps."

Et vous ? Qu'est-ce qui vous empêche de dormir ? Vous avez peut-être lu un élément de la liste ci-dessus et vous vous êtes dit : *"Oui, c'est moi".*

Même si la vie est belle en ce moment, il y a toujours une réalité inéluctable qui se profile à l'horizon : *Un jour, vous allez mourir.* Aucun d'entre nous ne sait quand et il n'y a rien que nous puissions faire pour l'éviter.

Et vous ?
Qu'est-ce qui vous empêche de dormir ?

Pourquoi commencer ce livre sur une note aussi sombre ? Car, à certains égards, nous essayons tous de donner un sens à ce monde et de comprendre le rôle que nous y jouons. Et parce que, quoi qu'il se passe dans votre vie aujourd'hui, ou quoi qu'il puisse arriver demain, je suis impatient et enthousiaste de partager de bonnes nouvelles.

JÉSUS A TOUT CHANGÉ !

C'est vrai. Personne ne peut nier que Jésus-Christ a changé le cours de l'histoire de l'humanité. Il a changé notre façon de compter le temps—notre calendrier est basé sur lui. Il a changé le monde. Combien de milliers d'hôpitaux ont été construits, apportant miséricorde et guérison en son nom ? Combien d'écoles ont été créées dans le monde ? Combien de veuves ont été prises en charge ? Orphelins adoptés ? Les sans-abri et les pauvres sont-ils pris en charge ? Jésus a changé la vie de millions, voire de milliards de personnes. Et en 2005, il m'a changé.

La vie, la mort et la résurrection de Jésus changent radicalement la donne. Il a quitté les gloires du ciel, a pris chair et sang comme nous et est devenu un homme, pleinement Dieu mais aussi pleinement homme. Sa vie, sa mort, sa résurrection et son ascension au ciel ont tout changé. Parce que Jésus a tout changé, Jésus change tout.

Parce que Jésus a tout changé, Jésus change tout.

Depuis deux mille ans, Jésus sauve des hommes et des femmes qui ont complètement gâché leur vie. Il a sauvé des ivrognes du désespoir de leurs bouteilles et arraché des toxicomanes à la misère de leurs pilules. Il a changé des hommes et des femmes qui étaient remplis de désir, de colère, de haine et de violence pour leur redonner l'amour. Il a donné de l'espoir à ceux qui étaient désespérés, du réconfort à ceux qui étaient accablés par le chagrin et une nouvelle vie à ceux qui étaient presque morts.

L'apôtre Paul a fait référence au pouvoir de Jésus de racheter et de transformer des vies lorsqu'il a écrit,

> *Ne savez-vous pas que les injustes n'hériteront point le royaume de Dieu ?*
> *Ne vous y trompez pas : ni les impudiques, ni les idolâtres, ni les adultères, ni les efféminés, ni les homosexuels, ni les voleurs, ni les cupides, ni les ivrognes, ni les insulteurs, ni les ravisseurs n'hériteront le royaume de Dieu. Et c'est là ce que vous étiez, quelques-uns de vous. Mais vous avez été lavés, mais vous avez été sanctifiés, mais vous avez été justifiés au nom du Seigneur Jésus-Christ et par l'Esprit de notre Dieu.*
> *(1 Corinthiens 6.9-11, italiques ajoutés)*

"Il leur rappelle que Jésus les a complètement transformés, en les lavant dans son sang, en les rendant saints et en les déclarant justes devant le Père. Paul avait une connaissance directe de la puissance salvatrice de Jésus. Avant que Jésus ne le change, Paul était membre des chefs religieux juifs, les Pharisiens. Dans son zèle, il devint un adversaire féroce et un persécuteur violent des premiers chrétiens. Le Seigneur l'a sauvé et il n'a plus jamais été le même.

Jésus-Christ a changé la vie d'innombrables hommes et femmes, garçons et filles, en leur faisant traverser toutes les épreuves et tous les milieux imaginables. Il n'y a pas de vie que le Sauveur ne puisse sauver, pas de traumatisme que le Prince de la paix ne puisse vous faire traverser, et pas de chagrin qu'il ne puisse remplacer par une joie éternelle.

UN CONCOURS ET UNE QUÊTE

On pourrait penser qu'avec une telle preuve du pouvoir de Jésus de sauver et de changer, le monde affluerait vers lui. Après tout, en 1848, l'annonce de la découverte d'or en Californie a fait le tour du monde, déclenchant ce que l'on a appelé la ruée vers l'or californien. Des centaines de milliers de prospecteurs enthousiastes ont tout laissé derrière eux dans l'espoir de trouver un précieux trésor. Eh bien, depuis deux mille ans, le monde a entendu les rapports : *Jésus est le trésor éternel de l'homme ! Il y a des trésors en abondance pour tous ceux qui viennent au Christ !* Au lieu de tout quitter pour le suivre, la plupart de ceux qui entendent la Bonne Nouvelle se contentent de hausser les épaules et de rester chez eux.

Et pourtant, le monde réclame *quelque chose* à adorer. Le monde entier est un concours de dieux. L'humanité a créé des milliers de dieux à adorer et de philosophies à poursuivre. Pourquoi ? Parce que les maux, les souffrances, l'écrasante beauté de ce monde et notre propre conscience, donnée par Dieu, nous orientent vers quelque chose de plus. Nous sommes tous en quête de vérité.

DISTINGUER LES FAITS DE LA FICTION

Mon but en écrivant ce livre est de vous aider à connaître Jésus. Pour connaître Jésus, nous devons séparer les faits de la fiction. Nous pouvons penser que nous connaissons Jésus, grâce à ce que nous avons appris à l'église dans notre enfance ou à ce que nous avons entendu à son sujet au fil des ans, mais si nous voulons connaître Jésus, nous devons distinguer la vérité de l'erreur, les faits de la fiction.

Prenons l'exemple de la célèbre romancière Mauve Binchey. Lors d'un voyage en Terre Sainte, Binchey a visité le lieu traditionnellement considéré comme celui où Jésus a pris la dernière Cène avec ses disciples. Elle pensait voir la pièce représentée dans le célèbre tableau de Léonard de Vinci, *La Cène*. Ce que Binchey ne savait pas, c'est que le tableau de Vinci n'était que l'expression de l'imagination de l'artiste. Le bâtiment d'origine avait disparu depuis longtemps à l'époque de Vinci. En fait, nous n'avons aucune idée de ce à quoi il ressemblait. L'édifice actuel a été construit des centaines d'années après le premier siècle de notre ère.

La romancière n'a pas seulement été déçue. Lorsqu'elle se rend compte que le lieu qu'elle a parcouru de si loin ne correspond pas à la magnifique interprétation qu'en a faite Vinci, elle se sent trahie. Non pas trahie par l'artiste, mais par le christianisme lui-même ! Mme Binchey s'est sentie trahie parce qu'elle n'a pas réussi à distinguer la réalité de la fiction. Pire encore, plutôt que d'assumer son erreur, elle a décidé de rejeter complètement Jésus-Christ.

Avez-vous saisi l'ironie de l'histoire de Mauve Binchey ? Cet écrivain doué a utilisé l'esprit que Dieu lui a donné pour faire des recherches et écrire pour gagner sa vie. Elle a utilisé l'imagination que Dieu lui a donnée pour créer des personnages et détailler leur univers. Binchey et ses lecteurs savaient tous deux que les scènes et les histoires étaient de la fiction et n'avaient rien à voir avec la réalité. Pourtant, elle ne s'est jamais arrêtée pour penser que Vinci avait fait la

Jésus a tout changé

même chose, mais avec un pinceau au lieu d'un stylo. Mais l'histoire de Mauve Binchey n'est pas seulement ironique. C'est tragique. Elle a appliqué son esprit brillant à la recherche de tant de détails, mais n'a pas réussi à sonder les vérités les plus importantes au monde : la personne et l'œuvre de Jésus-Christ. Au lieu de cela, elle l'a rejeté. Non pas à cause de ce qu'Il a dit ou fait, mais parce que les faits ne correspondaient pas à la fiction dont elle s'était persuadée qu'elle était réelle. Elle s'est trompée en croyant l'imagerie du grand maître plutôt que l'incarnation du grand maître.

Et vous ? Est-il possible que vous vous soyez trompé vous-même, que l'image que vous vous faites de Jésus ne soit pas du tout celle qu'il est ?

Ce n'est pas parce que nous sommes sincères dans nos croyances qu'elles sont vraies. Nous pouvons être sincères. . . et nous tromper sincèrement.

L'histoire de Binchey prouve le vieil adage selon lequel la sincérité de nos croyances ne les rend pas pour autant vraies. Nous pouvons être sincères . . . et sincèrement erronés. Cela peut être acceptable pour certaines choses dans la vie, comme le fait de croire sincèrement que son équipe sportive préférée est la meilleure. Mais si nous ne comprenons pas bien qui est Jésus, nous le regretterons et en subirons les conséquences pour l'éternité.

C'est pourquoi, parmi toutes les choses de la vie sur lesquelles vous et moi pourrions passer quelques heures à apprendre, il n'y a rien ni personne d'aussi important que Jésus. Dans ce monde, nous pouvons soit nous tromper nous-mêmes avec de fausses idées sur Jésus, soit fonder notre foi sur les faits présentés dans la Parole de Dieu.

J'ai écrit ce livre pour vous dire que Il peut faire la même chose pour vous.

J'ai écrit ce livre pour vous dire qu'il peut faire la même chose pour vous. Dieu a toujours eu la bonté et la miséricorde d'agir dans la vie de ceux qui se tournent vers lui avec foi.

SI JÉSUS DOIT TOUT CHANGER, IL DOIT TOUT AVOIR

Mais Jésus n'est pas un remède miracle. Nous ne pouvons pas simplement attacher Jésus à notre vie comme un pansement sur les blessures de la vie. C'est le déshonorer encore plus que si nous ne venions jamais à lui. Si Jésus doit tout changer, il doit tout avoir.

Imaginez que vous deviez subir une opération du cœur. Vous ne diriez pas au chirurgien : "Docteur, je vous propose un marché. Je m'allongerai sur la table d'opération. Je vous laisse m'anesthésier. Mais je ne veux pas que vous me coupiez en deux". Il serait insensé de dire au médecin comment faire son travail. À moins que le médecin n'intervienne et ne fasse exactement ce qu'il sait être juste, c'est vous qui allez mourir.

Et pourtant, c'est exactement ce que les gens essaient de faire avec Jésus. Les gens essaient tout le temps de négocier avec le Grand Médecin. Comment tentent-ils de conclure un accord avec Jésus ? Dans leur attitude envers lui, ils disent : *"Jésus, tu peux me bénir avec de bonnes choses, mais ne me dis pas ce que je peux ou ne peux pas faire de ma vie.*" Je le sais parce que je l'ai fait pendant vingt ans. Non, si Jésus doit changer votre vie, si vous voulez connaître le Jésus de la Bible et non le Jésus des religions mortes ou de votre propre imagination. Il doit tout avoir. Aucune limite. Pas de bonnes affaires.

Que trouverez-vous dans les pages de ce livre ? Si j'ai fait mon travail, vous trouverez Jésus à chaque page. Ce livre est entièrement consacré à lui.

Allons-nous tout couvrir ? Ce serait impossible. Jésus est Dieu, infini et éternel. Tout ce qu'il est, toute sa gloire, dépasse infiniment nos esprits finis. L'apôtre Jean était l'un des douze apôtres de Jésus qui ont voyagé avec lui pendant les trois années de son ministère terrestre. Regardez ce qu'il a écrit lorsqu'il a réfléchi à son séjour avec Jésus :

Jésus a fait encore beaucoup d'autres choses ; si on les écrivait en détail, je ne pense pas que le monde même pourrait contenir les livres qu'on écrirait.
(Jean 21.25)

C'est une sacrée déclaration, n'est-ce pas ?

LE ROI VOUS APPELLE

Pourtant, par la grâce de Dieu, nous ne sommes pas abandonnés par notre Créateur. Il ne *vous* abandonne pas. Bien au contraire. Le Dieu de l'univers, celui dont la Bible nous dit qu'il a placé les étoiles et les appelle par leur nom, qui a suspendu la terre sur le néant, qui est souverain sur les rois et les royaumes des hommes et les donne à qui il veut, t'appelle à lui (Psaume 147.4 ; Job 26.7 ; Daniel 4.25) !

Nous avons beaucoup de choses à nous dire, mon ami, alors commençons.

Jésus a tout changé

UN CONCOURS
DE DIEUX

Elie était un homme de Dieu dans l'Ancien Testament, les écrits de la Bible antérieurs au ministère terrestre de Jésus. Il était un prophète, un homme désigné par Dieu pour agir en tant qu'ambassadeur de Dieu, prêchant et avertissant le peuple de se détourner de ses péchés et de revenir à Dieu, sous peine d'en subir les conséquences.

Dans 1 Rois, chapitre 18, nous lisons l'étonnante confrontation entre Elie, l'homme de Dieu, et les 450 faux prophètes d'un dieu païen nommé Baal. Elijah leur lance un défi. Un concours de dieux. Élie les invite au sommet du mont Carmel et, bien sûr, laissons-le s'expliquer :

> "Que l'on nous donne deux taureaux ; qu'ils choisissent pour eux l'un des taureaux, qu'ils le coupent par morceaux, et qu'ils le placent sur le bois, sans y mettre le feu ; et moi, je préparerai l'autre taureau, et je le placerai sur le bois, sans y mettre le feu. Puis invoquez le nom de votre dieu ; et moi, j'invoquerai le nom de l'Éternel. Le dieu qui répondra par le feu, c'est celui-là qui sera Dieu. Et tout le peuple répondit, en disant : C'est bien !"
> (1 Rois 18.23-24)

Cette confrontation dramatique ne s'est pas bien

terminée pour les prophètes de Baal. Après une longue journée passée à implorer désespérément leur dieu pour obtenir une réponse, le ciel s'est tu. Rien ne réveille leur dieu, pas même le fait de se couper pour attirer son attention. Cela a duré des heures. Élie finit par se moquer de leur dieu qui ne répond pas. *Criez plus fort ! Peut-être qu'il dort ! Il est peut-être dans la salle de bains !* Et toujours pas de réponse. Puis ce fut le tour d'Elijah.

Élie répare l'autel de l'Éternel qui a été démoli et creuse un fossé autour de lui. Il découpa un taureau et le déposa sur le bois de l'autel. Puis il demanda aux prophètes de Baal d'arroser le sacrifice avec de l'eau. Puis recommencez, et encore une fois après cela. Le sacrifice était trempé et la tranchée remplie d'eau. Il aurait été humainement impossible qu'il prenne feu. La réponse de Dieu devrait être sans équivoque.

Élie pria le Seigneur, le Dieu d'Israël, de faire descendre le feu. Le Seigneur a répondu immédiatement. Le feu descendit du ciel et brûla complètement le sacrifice—le taureau, le bois, l'autel de pierre sur lequel il reposait, et jusqu'à la dernière goutte d'eau. Quand tout le peuple vit cela, ils tombèrent sur leur visage et dirent : "C'est l'Éternel qui est Dieu ! C'est l'Éternel qui est Dieu !" (1 Rois 18.39). Elie ordonne que les faux prophètes soient rassemblés et mis à mort.

LE DÉFI D'ELIE EST NOTRE DÉFI

Pourquoi est-ce que je parle de cette histoire ? Parce que la plupart des gens aujourd'hui ne réalisent pas qu'ils sont dans un concours de dieux des temps modernes. Ils embrassent de tout leur cœur leurs croyances spirituelles et les opposent au Seigneur, qui est seul Dieu dans les cieux. Ils passent leur vie à prier un dieu qui ne les entend pas parce qu'il n'existe pas. J'ai eu un jour une conversation amicale avec un homme hindou très sympathique. Lorsque nous avons commencé à parler, il était très enthousiaste à l'idée de me montrer des photos de son dieu lors d'une célébration élaborée. Sur la photo de son téléphone se trouvait une statue colorée, aux ornements impressionnants. Mais il était sans vie.

D'ailleurs, les idoles que les gens choisissent d'adorer n'ont pas besoin d'être sculptées de leurs mains. Certains adorent la terre. Ils croient que les rochers et les cours d'eau, la lune et les étoiles. . tout cela est Dieu. Des milliards de personnes vénèrent des dieux d'autres religions mondiales. Et certains prétendent ne rien vénérer du tout.

En lisant ce livre et en voyant Jésus, je vous mets au défi de réfléchir objectivement à son sujet et de comparer vos propres croyances. Testez ce que vous croyez par rapport à ce que dit la Bible sur Dieu, l'homme, le péché, la personne et l'œuvre de Jésus-Christ.

Comment faire ? Il faut d'abord savoir ce que l'on croit vraiment. Posez-vous la question : *Quelles sont les convictions fondamentales sur lesquelles je fonde ma vie ? À mon avis, que se passe-t-il lorsque quelqu'un meurt ? Si le paradis existe, comment y accéder ? Et s'il y a un enfer, comment peuvent-ils ne pas y aller ?* Pensez-y vraiment. Cela peut prendre des jours, des semaines, voire des mois. Ce n'est pas grave. Ensuite, une fois que vous savez ce que vous croyez, vous devez l'évaluer. Examinez-la.

Pensez-y de la manière suivante. Avant la construction d'un pont, les ingénieurs soumettent le modèle de conception à des tests de résistance rigoureux. Ils veulent trouver toutes les faiblesses cachées avant qu'elle ne soit construite et que les gens y confient leur vie chaque fois qu'ils la traversent.

Si vous deviez tester vos croyances spirituelles comme les ingénieurs testent la conception d'un pont, comment résisteraient-elles à l'examen ? Comment vos croyances résistent-elles au poids de la vie ? Comment vous ont-ils soutenu ces dernières années ? Lorsque vous avez vraiment besoin de votre dieu, est-il (ou est-elle) silencieux, comme Baal ? Ce que vous croyez au sujet de Jésus et de ce qui se passe quand vous mourez vous réconfortera-t-il dans vos derniers moments sur cette terre et vous équipera-t-il pour l'éternité ? N'attendez pas pour le découvrir, il sera trop tard. Plus important encore, vous prépareront-ils de manière adéquate à vous tenir devant Dieu—le Dieu d'Elijah, le Dieu de la Bible—celui devant lequel nous devons tous, selon la Bible, répondre et rendre des comptes ? Ou bien vos croyances vous feront-elles défaut au jour de l'épreuve, de la même manière que le faux dieu Baal a fait défaut à ses disciples dévoués mais trompés ?

UNE ÉTOILE DANS LES YEUX

Je n'oublierai jamais la fois où j'ai parlé à une femme au travail de ses convictions. Nous travaillions tous les deux dans une ancienne usine de Louisville, dans le Kentucky. Elle était dehors pour une pause cigarette et j'étais dehors pour prendre l'air et profiter de la lumière du soleil, car la majeure partie du deuxième étage où je travaillais n'avait pas de fenêtres. Alors que nous bavardions sur le trottoir, la conversation s'est orientée vers les choses spirituelles.

Alors que nous parlions de ses croyances spirituelles, je lui ai posé une question fondamentale : "Que pensez-vous qu'il se passe quand vous mourez ?".

"Je crois que lorsque je mourrai, je deviendrai une star. Nous devenons tous des stars".

"Wow", ai-je dit, sincèrement surpris par une réponse aussi étrange. Je ne l'avais jamais entendue auparavant et je voulais savoir d'où elle la tenait. "C'est quelque chose que vous avez lu quelque part ? Sur quoi fondez-vous votre conviction ?"

Aussi surpris que je l'ai été par sa conviction, la suite m'a encore plus étonné. Elle a déclaré que l'idée lui était venue d'elle-même. Lorsque je lui ai fait remarquer qu'elle croyait en quelque chose sans avoir la moindre preuve que c'était vrai ou non, elle était tout à fait d'accord et n'y voyait aucun problème. Elle était tout à fait d'accord pour jouer son âme éternelle sur une idée qu'elle avait inventée de toutes pièces !

Que vous le réalisiez ou non, en ce moment même, vous misez votre vie et votre éternité sur vos croyances. Êtes-vous sûr à 100 % qu'ils ont raison ? Quelle est votre preuve ?

CERTIFICAT D'AUTHENTICITÉ

Lorsque j'ai acheté la bague de fiançailles de ma femme, elle était accompagnée d'un certificat d'authenticité, une petite carte d'un institut diamantaire agréé et certifié garantissant que les diamants de la bague étaient authentiques. Des années auparavant, j'avais acheté à mon père une photo dédicacée de son guitariste préféré, Chet Atkins. Il était également accompagné d'un certificat d'authenticité. Mais il existe aussi des certificats totalement faux. Aujourd'hui encore, les contrefaçons dans le monde de l'art et sur les marchés des antiquités représentent un marché important. Des tableaux de grande valeur présentés comme des œuvres d'artistes renommés s'avèrent être des contrefaçons fabuleuses, mais sans valeur. Et des artefacts anciens prétendument inestimables se révèlent être de fausses escroqueries. Des acheteurs peu méfiants se font escroquer de milliers, voire de millions de dollars.

Jésus-Christ est son propre certificat d'authenticité. . . il est Dieu. Il est la deuxième personne de la Trinité, Dieu venu sur terre sous la forme d'un homme.

Quel est le rapport entre les faux objets d'art et les artefacts peu anciens, d'une part, et les croyances spirituelles et le christianisme, d'autre part ? Jésus-Christ est son propre certificat d'authenticité. Il est lui-même la preuve que ce qu'il a dit et fait est vrai.

Les références de Jésus sont incontestables. Il est Dieu. Il est la deuxième personne de la Trinité, Dieu venu sur terre sous la forme d'un homme. Il a accompli des centaines de prophéties sur sa venue, notamment sur la ville où il naîtrait, sur la date de sa naissance, sur sa crucifixion et sur sa résurrection trois jours plus tard.

Lorsque Jésus a commencé son ministère public, il a guéri un nombre incalculable de sourds, d'aveugles et de boiteux. Il a passé de longues journées avec des foules qui lui amenaient des gens à guérir. Il a nourri des milliers de personnes avec seulement quelques pains et quelques poissons. Et il a ressuscité les morts. Les récits de l'Évangile sur Jésus n'incluent même pas toutes les œuvres merveilleuses et miraculeuses qu'il a accomplies.

Il a ensuite été arrêté sur la base de fausses accusations, condamné à mort à tort, battu, fouetté, tourné en dérision, on lui a fait porter une couronne d'épines et il a été crucifié sur une croix romaine, où il est resté suspendu pendant six heures. La colère de Dieu a été déversée sur lui pour les pécheurs, exactement comme les prophètes l'avaient annoncé.

Après sa mort, il a été enterré et son tombeau a non seulement été scellé, mais il a été gardé par un contingent de soldats romains. Néanmoins, trois jours plus tard, il est ressuscité d'entre les morts. Sa tombe était vide et ses disciples l'ont vu vivant à de nombreuses reprises. Tout s'est passé exactement comme les prophètes l'avaient annoncé et comme Il l'avait dit.

Et on peut parler d'examen minutieux ! Chaque parole de Jésus a été critiquée, mise en doute et rejetée par d'innombrables moqueurs et sceptiques. Depuis que la pierre de son tombeau a été roulée lors de sa résurrection, aucune pierre n'a été retournée pour essayer de la rouler à nouveau. Des chercheurs ont également tenté, en vain, d'affirmer que Jésus n'a jamais existé. Les hommes ont beau essayer de discréditer Jésus, aucune de ses paroles ou de ses actes ne s'est effondrée sous l'examen de ses plus féroces détracteurs. Nous pensons que l'annulation de la culture est une nouveauté, mais cela fait deux mille ans que l'on essaie d'annuler Jésus.

Et pourtant, Jésus reste le personnage central de l'histoire de l'humanité dont on parle le plus, sur lequel on écrit le plus, que l'on chante le plus. Il y a des millions de personnes dans le monde aujourd'hui qui, comme moi, peuvent dire sans aucun doute qu'il a changé leur vie. Et des millions d'autres personnes qui nous ont précédés et qui sont maintenant avec lui au ciel se sont réjouies de dire la même chose.

> *. . .Rien ni personne n'a changé des vies, et ne continue à le faire, comme le Seigneur Jésus-Christ.*

Regardons les choses en face : Toutes les religions prétendent changer la vie. Des croyances telles que l'islam, le mormonisme, les témoins de Jéhovah ou l'athéisme peuvent même transformer la crapule la plus déshonorante en une personne morale à l'extérieur. Mais rien ni personne n'a changé des vies, et ne continue à le faire, comme le Seigneur Jésus-Christ.

Un concours de dieux

LA QUÊTE DE LA VÉRITÉ

Regardez autour de vous et vous remarquerez qu'il y a un concours de dieux partout dans notre culture. Il ne s'agit pas seulement d'un concours. C'est une quête. Une quête de vérité. Il a commencé au moment où le serpent a tenté Ève dans le jardin d'Éden, l'amenant à douter de tout ce qu'elle savait au sujet de Dieu. Depuis que nos premiers parents se sont éloignés de la vérité de Dieu, l'humanité s'est lancée dans une quête infructueuse en essayant de la remplacer par autre chose.

Lorsque Jésus s'est présenté devant Ponce Pilate, ce dernier lui a demandé : "Qu'est-ce que la vérité ?" (Jean 18.38). Il ne cherchait pas vraiment la vérité. Il se moque de l'existence même de la vérité, aveugle au fait que l'Homme accusé devant lui est *la* vérité, comme nous le verrons dans les prochaines pages.

Même s'il n'y a plus beaucoup de librairies de nos jours, je me suis récemment rendu dans l'une d'entre elles et je me suis dit que les librairies étaient un peu comme des temples laïques, où les chercheurs se rendent pour trouver la vérité, en posant la même question que Pilate.

Qu'elle s'en rende compte ou non, toute personne qui ne connaît pas Jésus s'efforce de trouver un sens, une vérité et un espoir dans ce monde. Il est rare que les gens voient leur quête avec autant de clarté. Ce n'est pas comme si quelqu'un se présentait au bureau d'information et demandait : "Pouvez-vous me dire où se trouve le livre qui donne le sens de la vie ?" Compte tenu de ce que l'on trouve dans la plupart des librairies, c'est probablement une bonne chose qu'ils ne le fassent pas.

Bien sûr, la plupart des gens vont dans une librairie pour trouver des livres sur la philatélie, les livres de cuisine ou d'autres sujets ordinaires. Mais les gens vont aussi dans les librairies pour résoudre des problèmes de vie, comme des problèmes relationnels, ou pour aider à devenir une meilleure personne. Même en parcourant les rangées de livres sur l'amaigrissement, une personne cherche de l'espoir et de l'aide pour devenir meilleure (et plus légère) qu'elle ne l'est.

Si quelqu'un entrait dans une librairie pour trouver des réponses aux grandes questions de la vie, où les chercherait-il ? Il est presque certain qu'ils la chercheront dans les grands esprits de la littérature. Mais quelle quantité de littérature devraient-ils lire avant de trouver leurs réponses, s'ils le pouvaient ? La vérité est-elle dans l'art ? Philosophie ? Qu'en est-il de tous ces gourous du développement personnel ? Mais si l'une de ces personnes avait de vraies réponses, pourquoi de nouveaux livres contenant des idées actualisées sont-ils constamment publiés ?

Ce jour-là, dans la librairie, alors que je me promenais et que je réfléchissais aux livres d'art de haut niveau et à tout ce que l'art évoque et tente de communiquer sur la vie, ou aux rangées et aux rangées de livres de développement personnel, de philosophie, de spiritualité et de religions du monde, un mélange de tristesse et de joie m'a envahie.

"Seigneur, me suis-je dit, merci d'être chrétien.

Je ne veux pas paraître arrogant. Je ne me vante pas d'être meilleur que quiconque. Je me glorifie du miracle de la grâce de Dieu qui a sauvé un pécheur comme moi. Aujourd'hui, près de vingt ans plus tard, je suis toujours aussi reconnaissant au Seigneur de m'avoir sauvé la vie. Je suis si heureuse qu'il se soit révélé à moi, qu'il m'ait convaincue de mes péchés et qu'il m'ait fait comprendre que j'avais désespérément besoin de lui. Je remercie Dieu de m'avoir conduit à la vérité. C'est-à-dire qu'il m'a conduit à lui.

C'est pourquoi je ne peux pas supporter de penser à la tristesse que doit ressentir une personne perdue qui essaie sincèrement de trouver la vérité dans ce monde de fous. Il est tragique d'entrer dans une librairie dans l'espoir d'y trouver de vraies réponses et de repartir bredouille, ou pire, avec un best-seller qui promet des réponses mais ne livre que des mensonges alléchants.

Il y a quelques années, la même chose s'est produite lorsque ma femme et moi sommes entrés dans la boutique d'un petit libraire indépendant dans une petite ville de montagne pittoresque de Caroline du Nord. Celle-ci s'est avérée être une librairie essentiellement New Age / spiritualité. La commerçante était très gentille et nous a accueillis à l'entrée. Sa boutique était propre et tous ses livres étaient bien rangés. Malheureusement, nombre de ses livres étaient des ouvrages sur le New Age, la spiritualité et toutes sortes de philosophies et de religions vides. Il y avait des livres sur l'hindouisme, le mysticisme, les pierres de guérison, la religion amérindienne, etc. Je ne me souviens pas d'avoir vu un seul livre parlant de l'espoir que l'on ne trouve qu'en Jésus. Au bout de quelques minutes, nous sommes sortis tous les deux, épuisés et un peu déprimés. Nous étions tous les deux épuisés pour tous ceux qui pouvaient partir à la recherche de la vérité et déprimés de voir qu'il y avait tant de livres, tant de chemins, et pourtant pas de lumière ni d'espoir.

À LA RECHERCHE DE LA VÉRITÉ :
DES CHOIX MULTIPLES

Si l'on y réfléchit bien, la recherche de la vérité dans une librairie est une entreprise déprimante et sans espoir à bien des égards.

D'une part, il y a tellement de livres à choisir. Salomon a écrit : "on ne finirait pas, si l'on voulait faire un grand nombre de livres. . ." (Ecclésiaste 12 .14). Et dire qu'il a écrit cela des milliers d'années avant l'imprimerie. Pensez à tout ce qui a été écrit et publié au cours des 600 dernières années, depuis l'invention de Guttenberg qui a changé le monde.

À LA RECHERCHE DE LA VÉRITÉ :
ET SI CE N'ÉTAIT PAS CE LIVRE ?

On peut passer toute sa vie à lire toutes sortes d'idées et de philosophies, à se ruiner pour acheter livre après livre à la recherche de la vérité, sans jamais la trouver.

Et qu'en est-il des millions de livres que vous ne lirez jamais ? Et si le seul livre qui contenait la vérité était celui que vous n'aviez jamais lu ? Quelle misère !

Et qu'en est-il de toutes ces idées et philosophies ? Vous ne tarderez pas à découvrir qu'ils sont rarement, voire jamais, d'accord. Un philosophe arrive avec une idée sur les raisons pour lesquelles le monde est tel qu'il est. Une génération plus tard, une autre arrive et la modifie. Une génération plus tard, quelqu'un d'autre arrive avec sa propre version et dit : *"Non, non, non, les deux premiers étaient complètement faux !"*

À LA RECHERCHE DE LA VÉRITÉ : QUI A RAISON ?

De la même manière, supposons que vous lisiez un livre et que vous preniez ce que l'auteur vous dit pour la vérité. Puis, plus loin dans votre quête, vous lisez un autre auteur qui vous dit exactement le contraire. Les deux semblent tout à fait plausibles, mais sont totalement incompatibles. Commencez-vous à voir le dilemme de tout cela ?

Et cela suppose qu'il n'y a que deux voies. Que se passe-t-il lorsque dix auteurs ne sont pas d'accord ? Ou vingt ? Ou une centaine ? Il faut maintenant choisir ce que l'on veut croire, sous peine de devoir discréditer tout le monde et de repartir à zéro.

Encore une fois, c'est triste et épuisant.

À LA RECHERCHE DE LA VÉRITÉ : ET SI LA VÉRITÉ N'EST PAS DANS MA LANGUE ?

Et si le sens de la vie ne se trouve même pas dans votre langue ? Que se passerait-il si vous passiez toute votre vie à lire des livres pour trouver la vérité, pour finalement découvrir qu'elle se trouve dans un vieux livre poussiéreux sur une étagère haute et inaccessible, à l'autre bout du monde, dans une langue complètement différente ?

À LA RECHERCHE DE LA VÉRITÉ : LES CHANCES SONT CONTRE VOUS

Ce sont là quelques-uns des dangers auxquels s'exposent les chercheurs de vérité lorsqu'ils se lancent à l'assaut de l'Everest des idées de ce monde. S'ils pouvaient lire cent livres par jour, passer toute leur vie à chercher la vérité, ils mourraient sans savoir s'ils l'ont vraiment trouvée. C'est-à-dire en dehors de la grâce et de la miséricorde du Dieu révélateur de vérité qui se dévoile dans les pages de sa Parole, la Bible.

C'EST LA VÉRITÉ, ICI MÊME

Comment puis-je être sûr que le christianisme est *la* vérité ? Parce que, par la grâce de Dieu, il m'a ouvert les yeux sur les vérités de la Bible. La Bible est le livre de Dieu. C'est la parole de Dieu. Les théologiens l'appellent la "révélation spécifique" de Dieu sur lui-même et sur la voie du salut. Nous pouvons voir des aperçus de la puissance de Dieu et de ses attributs dans la création, mais la nature ne peut pas nous montrer Jésus ou nous enseigner comment être sauvés. Seule la Bible peut le faire. Dans la Bible, j'ai vu qu'en fin de compte, la vérité n'est pas un livre à lire, mais une personne à connaître et à adorer : Jésus-Christ, le Fils de Dieu. Jésus déclare : "Je suis le chemin, *la vérité*, et la vie. Nul ne vient au Père que par moi" (Jean 14.6, italiques ajoutés).

J'aime les librairies, ne vous méprenez pas. Et, dans de nombreux écrits, il y a une part de vérité. Mais seule la Bible est la vérité de Dieu pour l'humanité. Ce n'est que dans les Écritures de l'Ancien et du Nouveau Testament que Jésus est prophétisé et que la voie du salut nous est révélée. La vérité que ce monde cherche désespérément à trouver se trouve dans le Fils éternel de Dieu, le Seigneur Jésus-Christ.

En 156 après J.-C., un évêque de Smyrne nommé Polycarpe a été martyrisé pour sa foi en Jésus. Lors de son martyre, on lui a offert une dernière chance d'abjurer sa foi en Christ et de vivre. Au lieu de cela, l'évêque âgé et très respecté a répondu,

Cela fait quatre-vingt-six ans que je le sers, et il ne m'a pas fait de mal. Comment puis-je donc blasphémer mon Roi et mon Sauveur ?

Polycarpe a servi Jésus pendant près d'un siècle et ses dernières paroles ont été pour dire que le Sauveur ne lui avait fait aucun tort. Je ne connais Jésus que depuis une quinzaine d'années, mais je peux aussi vous assurer qu'il ne m'a pas fait de mal.

Le témoignage d'un chrétien ne prouve rien. Les personnes qui croient à un mensonge peuvent y croire si sincèrement que cela change leur vie. Le fait d'être prêt à mourir pour une cause ne prouve rien non plus. Mais comment se fait-il que Jésus, un obscur paysan juif aux yeux du monde, ait été crédité d'avoir radicalement changé d'innombrables vies pendant deux millénaires ? Ce fait ne prouve pas non plus que le christianisme est vrai, mais il devrait nous faire réfléchir. Il se passe quelque chose ici. Jésus a quelque chose d'unique. Il est sans aucun doute la personne la plus remarquable qui ait jamais existé. Si vous êtes un être humain rationnel, tout cela doit certainement compter pour quelque chose qui mérite d'être pris au sérieux.

Le prédicateur baptiste Vance Havner l'a bien résumé,

Tu trouveras ce dont tu as besoin en Jésus. Pas dans ce livre dont vous espérez qu'il vous révélera un sésame magique à la page suivante. . . Il est l'Alpha et l'Oméga—et toutes les lettres intermédiaires—et vous n'avez donc pas besoin de sortir de son alphabet pour compléter le texte de votre vie.[1]

Si vous souhaitez que ce soit aussi facile que d'entrer dans une librairie, d'aller au bureau d'information et de demander : *Pouvez-vous, s'il vous plaît, m'indiquer la vérité, afin que je puisse trouver la vie éternelle ?* Permettez-moi de répondre à cette question.

Même les librairies les plus irréligieuses de la planète ont très certainement une Bible. Trouvez-le. Demandez-le. Achetez-le. Vous ne dépenserez jamais mieux dans ce monde. Chaque dollar vous sera remboursé dix mille fois. Ensuite, il faut se débrouiller seul avec lui. Demandez à son auteur d'ouvrir vos yeux en le lisant (Jean 16.13).

Même les librairies les plus irréligieuses de la planète ont très certainement une Bible. Trouvez-le. Demandez-le. Achetez-le. Vous ne dépenserez jamais mieux dans ce monde. Chaque dollar vous sera remboursé dix mille fois.

Faites-le et je vous assure que vous trouverez la vérité et la vie que vous cherchez. Tout est là, et plus encore, parce que tout est en Jésus-Christ.

POURQUOI VIVEZ-VOUS ?

Où en êtes-vous dans votre quête personnelle de la vérité ? Pour le savoir, il suffit de s'isoler dans ce monde ultra-rapide et bruyant et de se poser la question suivante : *Pourquoi est-ce que je vis ? Qu'est-ce que je crois ?* Faites une liste des choses qui comptent vraiment pour vous. Qu'est-ce qui vous fait sortir du lit chaque jour ? Nos motivations sont le carburant de nos réservoirs, qui alimentent nos moteurs chaque jour.

J'ai regardé un jour un documentaire sur un homme qui a consacré toute sa vie à documenter les détails architecturaux de chaque station de métro de la ville de New York. Il a passé des décennies à remplir des centaines de journaux avec des notes méticuleuses et des croquis complexes de chaque station. Un autre homme était si intelligent qu'il retournait sans cesse à l'université pour obtenir des diplômes supérieurs. Il était devenu médecin, avocat, bioéthicien, et il retournait encore pour obtenir d'autres diplômes.

Les choses qui nous motivent révèlent qui nous sommes et ce à quoi nous tenons.

Ces hommes ont des motivations que peu d'entre nous, voire aucun, ne peut comprendre. La plupart des gens diraient qu'ils vivent pour leur famille, pour leur réussite professionnelle, ou peut-être que certains admettraient qu'ils veulent simplement "vivre et s'amuser" tant qu'ils le peuvent. Les gens ont tous des motivations différentes, mais il y a une chose que nous avons tous en commun : les choses qui nous motivent révèlent qui nous sommes et ce à quoi nous tenons. Après tout, si ce n'était pas important pour nous, nous n'y consacrerions pas de temps.

D'OÙ VIENNENT LES MOTIVATIONS ?

Voici un autre de ces truismes sur les gens : Nous parlons le plus de ce que nous estimons le plus. C'est pourquoi, lorsque je parle aux gens, j'écoute ce qui est important pour eux. Ce qui est le plus important pour une personne sera naturellement évoqué au cours de la conversation. Permettez-moi de vous donner un exemple concret de la façon dont cela fonctionne.

Un jour, j'ai rencontré un jeune homme lors d'un événement de réseautage professionnel. Au cours de la conversation, il a dit qu'il était chrétien. Il semblait également sincère. Nous avons discuté plus longuement et avons convenu de nous rencontrer autour d'un café.

Le jour de notre rencontre autour d'un café est arrivé. Il était vêtu d'un élégant blazer sombre et parlait avec enthousiasme de son métier d'entrepreneur en marketing. J'ai été impressionné par ce jeune homme et par son apparent sens des affaires. Il disait tout ce qu'il fallait et avait de grands projets.

Malheureusement pour moi, ce que j'ignorais jusqu'à ce que nous ayons vraiment commencé à parler, c'est que son "entreprise de marketing" était l'un de ces systèmes de marketing à plusieurs niveaux, et que ce jour-là, j'étais sa cible. Notre rencontre avait pour but d'essayer de me recruter dans son réseau. L'histoire se poursuit. Bien que je ne sois pas du tout intéressé à rejoindre son réseau, j'*étais* intéressé à parler des choses spirituelles que nous étions supposés avoir en commun. Cependant, j'ai rapidement découvert que, malgré ses sentiments antérieurs, il était plus enthousiaste à l'égard du système pyramidal dans lequel il était pris qu'à l'égard des choses de Dieu. Ce qui était le plus important pour lui est naturellement apparu dans la conversation. Il était plus motivé par les affaires temporelles de cette vie que par les réalités éternelles de la prochaine.

C'est le bon moment pour nous de nous demander : d'où viennent nos motivations ? Dieu, dans sa Parole, nous le dit. Nos motivations, dit-il, viennent de nos cœurs, le cœur de ce que nous sommes. C'est de notre cœur "viennent les sources de la vie", dit la Bible dans Proverbes 4.23. Et Jésus a dit : "car c'est de l'abondance du coeur que la bouche parle" (Luc 6.45).

Qu'y a-t-il dans votre cœur ? De quoi votre cœur incite-t-il votre bouche à parler ? Est-ce la famille ? le sport ? Politique ? Vivre pour les week-ends ? Est-ce l'argent et le succès terrestre ?

Une autre histoire : J'ai rencontré un jour un agent immobilier très performant. Elle se vantait qu'avant de poser ses pieds sur le sol chaque matin, elle se lançait le défi suivant : "Où puis-je faire une nouvelle vente aujourd'hui ?". Elle ne s'en rendait pas compte, mais dans cette déclaration, elle a révélé son cœur : Elle vivait sa vie pour courir après l'argent.

"LE CŒUR DU PROBLÈME EST LE PROBLÈME DU CŒUR".

"Le cœur du problème est le problème du cœur. En d'autres termes, chaque chose que nous faisons individuellement, ou que nous voyons se produire dans le monde, est le résultat direct de ce qui se trouve dans notre cœur.

Parlons plus en détail de cette idée de cœur. Lorsque je suis allée en Ouganda en 2019, j'ai rencontré un missionnaire, Abrie, originaire d'Afrique du Sud. Abrie est un jeune homme aux épaules larges. Il est très drôle et aussi très désireux que les gens connaissent Jésus. Avec son épais accent afrikaans, il leur disait : "Le cœur du problème, c'est le problème du cœur". En d'autres termes, tout ce que nous faisons individuellement et tout ce que nous voyons se produire dans le monde est le résultat direct de ce qui se trouve dans le cœur des gens. Et ce qui est dans notre cœur n'est pas aussi bon que nous le pensons.

Par la grâce de Dieu, la plupart des gens dans le monde ne se réveillent pas chaque jour avec la volonté de vendre de la drogue, de trafiquer des vies humaines, de mentir, de tricher ou de tuer. Pourtant, parce que Dieu nous a créés, il connaît nos cœurs. Dans la Bible, Dieu nous dit des vérités importantes sur nos cœurs :

* Les pensées de nos cœurs ne sont que "portaient chaque jour uniquement vers le mal" (Genèse 6.5).

- Toute notre tête est malade et tout notre cœur est défaillant (Isaïe 1.5).
- Nos cœurs sont "est tortueux par-dessus tout, et il est méchant" (Jérémie 17.9).
- Jésus a dit que de nos cœurs sortent "les mauvaises pensées, les meurtres, les adultères, les impudicités, les vols, les faux témoignages, les calomnies" (Matthieu 15.19).

Nous pouvons penser que nous sommes de bonnes personnes, mais Dieu nous confronte à l'horrible vérité. Il dit que nos pensées sont futiles, et il regarde nos cœurs et les déclare "sans intelligence . . . dans les ténèbres" (Romains 1.21). Dieu résume la situation en disant : "Car tous ont péché et sont privés de la gloire de Dieu" (Romains 3.23). La Parole de Dieu révèle le cœur du problème : Aucun d'entre nous n'est la bonne personne avec de bonnes motivations que nous pensons être. Nous avons tous enfreint ses lois. Le cœur du problème est le problème de nos cœurs malades du péché.

DÉSALIGNEMENT

Avez-vous déjà conduit une voiture dont la direction n'était pas alignée ? Si vous l'avez fait, vous savez qu'il agit comme s'il avait une idée en tête et qu'il ne veut jamais tirer que d'un côté. Laissée à elle-même, la voiture se conduira (et vous conduira) tout droit hors de la route. Jusqu'à ce que vous puissiez vous rendre chez un mécanicien pour faire réaligner les roues, vous devez contrecarrer la traction en corrigeant constamment le volant dans la direction opposée.

Il en va de même pour nos cœurs. Dès notre naissance, notre cœur est comme une voiture désaxée en permanence. Nous ne voulons jamais dévier que dans une seule direction : Loin de Dieu, loin de tout ce qui est saint, pur et agréable à ses yeux.

Quelle que soit notre apparence extérieure, Dieu nous a montré que notre cœur, cette source d'où jaillit notre vie, est totalement pollué par le péché. Laissés à nous-mêmes, nos appétits de péché nous mèneraient tout droit à notre propre destruction.

J'en reviens à ma question initiale : *Pourquoi vivez-vous ?*

Trois des amis les plus proches de Jésus sur terre étaient deux sœurs, Marthe et Marie, et leur frère, Lazare. Dans son récit de la vie de Jésus, Luc raconte un jour où Jésus s'est rendu dans la maison de Marthe.

Comme Jésus était en chemin avec ses disciples, il entra dans un village, et une femme, nommée Marthe, le reçut dans sa maison.

Elle avait une soeur, nommée Marie, qui, s'étant assise aux pieds du Seigneur, écoutait sa parole.

Marthe, occupée à divers soins domestiques, survint et dit : Seigneur, cela ne te fait-il rien que ma soeur me laisse seule pour servir ? Dis-lui donc de m'aider.

Le Seigneur lui répondit : Marthe, Marthe, tu t'inquiètes et tu t'agites pour beaucoup de choses.

(Luc 10.38-41)

LES PRIORITÉS DE DIEU, PAS LES NÔTRES

Les motivations de Marthe étaient bonnes ; elle voulait servir le Seigneur. Mais la priorité numéro un de Martha était erronée. C'est un principe important pour nous. Vivre sa vie pour le succès, ou l'argent, ou même pour la famille, ou essayer de faire de bonnes choses pour essayer de plaire à Dieu par ses bonnes œuvres, tout cela est un exemple de la même erreur stratégique que Marthe a commise. La Bible nous enseigne que les décrets de Dieu sur la manière dont nous devrions donner la priorité à nos vies sont exactement à l'opposé de ce que nous pensons naturellement.

Selon Dieu, quelle doit être notre première priorité dans la vie ? Revenons à Jésus, Marie et Marthe pour le savoir.

LA SEULE BONNE RÉPONSE À LA QUESTION

Jésus a dit : "Marthe, Marthe. . . *Une seule chose est nécessaire* "(c'est nous qui soulignons). Quelle était cette chose ? Il s'agissait de s'asseoir aux pieds de Jésus. Maintenant que Jésus est monté au ciel, comment faire ? Nous nous tournons vers Dieu chaque jour en lisant la Bible et en passant du temps avec lui dans la prière. "Cherchez premièrement le royaume et la justice de Dieu", a dit Jésus (Matthieu 6.33). Dans un autre endroit, il a dit : "Tu aimeras le Seigneur, ton Dieu, de tout ton coeur, de toute ton âme, de toute ta pensée, et de toute ta force" (Marc 12.30).

Vous et moi sommes appelés à vivre notre vie en désirant ardemment savoir ce que le Seigneur attend de nous, et à le faire ensuite. Cela peut blesser notre orgueil de nous voir ainsi, mais ce n'est pas très éloigné de l'image d'un chien de berger fidèle qui regarde son maître avec une attention ininterrompue, désireux et consciencieux de répondre à ses sifflets et à ses appels. Dieu est saint. Souverain. Roi. Seigneur. Maître. Il est Dieu, il habite dans les cieux et fait tout ce qu'il veut (Psaume 115.3 ; 135.6). Il nous a créés. En tant que créatures, nous lui appartenons. Par conséquent, nous lui devons (et il mérite à juste titre) amour et allégeance. Abandon et dévouement. Loyauté et obéissance. Violer les commandements de Dieu est, comme l'a si bien dit R. C. Sproul, une "trahison cosmique".

Mais nous ne pouvons pas obéir seuls aux commandements de Dieu. Rappelez-vous mon illustration de nos cœurs qui sont en permanence hors de l'alignement de la volonté de Dieu. Rappelez-vous que Dieu a dit que nos cœurs sont des sources polluées. Dieu a utilisé le prophète Ezéchiel pour nous dire que nos cœurs sont "pierre" (Ezéchiel 11.19 ; 36.26). Alors, comment ces cœurs désalignés, pollués, durs comme la pierre peuvent-ils devenir alignés, purs et doux ?

Ils ne peuvent pas. En tout cas, nous ne pouvons rien y faire. La seule réponse est Jésus.

La Bible indique clairement que vous et moi sommes des pécheurs. Nous sommes en faillite morale et spirituelle. Coupable devant Dieu d'avoir violé ses commandements un nombre incalculable de fois. Dieu diagnostique notre état et nous dit la vérité finale : Nous sommes morts dans notre péché. Notre juge nous a déclarés pécheurs contre sa sainte loi et nous sommes maintenant dans le couloir de la mort éternelle. Il n'y a aucun espoir de réforme.

Toutes nos tentatives de tourner la page et d'être

une bonne personne se solderont par un échec. Il nous est impossible de nous racheter auprès de lui par nos propres moyens. Tous nos efforts pour changer et être une bonne personne devant Dieu s'empilent et ne sont considérés que comme des "un vêtement souillé" devant ses yeux purs (Ésaïe 64.5). Notre seul espoir est un avocat. Un médiateur. Un intermédiaire. Quelqu'un qui est qualifié pour intercéder auprès de Dieu le Père en notre faveur. Quelqu'un qui a pu prendre sur lui le châtiment du péché que nous méritons. Quelqu'un de parfaitement juste, de parfaitement pur moralement. Quelqu'un d'infini et d'éternel pour prendre le châtiment infini et éternel du péché que nous méritons.

Entrez dans le monde de Jésus.

Jésus est Dieu. Il a existé éternellement, un avec le Père, et il est descendu du ciel, né d'une femme, pleinement Dieu, pleinement Homme. Il a vécu une vie parfaite, sans péché, accomplissant la loi de Dieu et les exigences que nous ne pourrions jamais atteindre. Bien que sans péché, il a été trahi, arrêté, jugé et condamné à mort. Il est humilié, moqué, fouetté avec une corde faite de lanières de cuir garnies de morceaux d'os et de verre. On l'a fait parader, comme un bonimenteur, dans une robe d'une fausse royauté et on lui a fait porter une couronne non pas d'or et de joyaux comme il le méritait, mais d'épines. Et sur une colline à l'extérieur des murs de Jérusalem, malgré sa parfaite innocence, il a été crucifié, cloué sur une croix de bois à la manière d'un criminel de droit commun de l'Empire romain. Même l'un des deux voleurs entre lesquels il a été crucifié a fini par comprendre que Jésus était Dieu, tout comme l'un des soldats romains qui montaient la garde à ses pieds transpercés (Marc 15.39 ; Luc 23.39-43, 47).

Pourtant, il a souffert volontairement. "Père, si tu voulais éloigner de moi cette coupe ! Toutefois, que ma volonté ne se fasse pas, mais la tienne" (Luc 22.42). Malgré les mauvaises intentions des hommes, tout cela faisait partie du plan parfait de Dieu le Père pour racheter les pécheurs qui ne le méritaient pas.

Jésus est devenu le sacrifice qui a payé pour les péchés de tous ceux qui sont venus à lui dans la foi.

Trois jours plus tard, il a triomphé de la mort et du tombeau. Il est ressuscité des morts. Il a été vu en public. Il est monté au ciel. Et un jour prochain, il reviendra en triomphe total et définitif pour juger le monde et établir son royaume pour toujours.

Grâce à l'humiliation et à l'exaltation de Jésus, il a fait exactement ce qu'il avait dit être venu faire : libérer ceux qui sont captifs de leurs péchés, rendre la vue aux aveugles spirituels, libérer ceux qui sont opprimés par le péché et annoncer le temps de la faveur et de la miséricorde de Dieu (Luc 4.16-21). Jésus a enduré tout ce qu'il a fait pour que tous ceux qui se repentent et croient en cette bonne nouvelle puissent recevoir le pardon de Dieu pour tous leurs péchés. Il plaide maintenant devant le Père en faveur de tous ceux qui lui appartiennent, ceux qu'il a sauvés par l'effusion de son propre sang.

Mais Jésus ne se contente pas de réformer le cœur égaré de quelqu'un qui vient lui demander miséricorde. Il ne corrige pas nos cœurs incroyablement mal alignés comme un mécanicien automobile spirituel. Non, non ! Comme le miracle de Jésus transformant l'eau ordinaire en vin, Dieu accomplit une œuvre radicalement nouvelle dans ceux qu'il sauve. Il rappelle les morts à la vie. Il enlève le cœur de pierre et le remplace par un cœur tout neuf.

> E leur donnerai un même coeur, Et je mettrai en vous un esprit nouveau ; J'ôterai de leur corps le coeur de pierre, Et je leur donnerai un coeur de chair. . .
> (Ezéchiel 11.19)

Sans Jésus, notre cœur est en rébellion ouverte contre Dieu. Après que le Christ est entré dans notre vie, il nous donne un cœur qui aime Dieu et un esprit nouveau qui désire le suivre et lui obéir.

D'ailleurs, Jésus n'a pas *suggéré que* nous nous détournions de nos péchés et que nous croyions en l'Évangile ; il l'*a ordonné* :

> Jésus lui répondit : "En vérité, en vérité, je te le dis, si un homme ne naît de nouveau, il ne peut voir le royaume de Dieu. Ne t'étonne pas que je t'aie dit : *Il faut que* vous naissiez de nouveau."
> (Jean 3.3,7, italiques ajoutés)

Si notre première réaction à la voie de salut de Dieu est d'essayer de redéfinir ou de fuir ce que la Bible révèle au sujet de Dieu et de nous-mêmes, nous nous exposons exactement à ce que la Bible dit de nous. Nous prouvons que nous haïssons Dieu, que nous n'avons aucun désir d'obéir à ses commandements ou de nous soumettre à son autorité sur notre vie, et que nous n'accordons aucune valeur à ce que le Christ a fait pour nous sauver, nous, les pécheurs.

Comment savoir si nous sommes vraiment "nés de nouveau" ? Rappelez-vous la question par laquelle nous avons commencé ce chapitre : *Pourquoi vivez-vous ?* Nous savons que nous sommes vraiment nés de nouveau par Dieu lorsque les motifs de notre cœur et la confession de nos lèvres reflètent une déclaration au-dessus de toutes les autres : Jésus est le Seigneur de ma vie.

> *Nous savons que nous sommes vraiment nés de nouveau par Dieu lorsque les motifs de notre cœur et la confession de nos lèvres reflètent une déclaration au-dessus de toutes les autres : Jésus est le Seigneur de ma vie.*

Lorsque Jésus détache les chaînes et libère quelqu'un qui était esclave du péché et de la mort, il se produit une chose miraculeuse : Dans un élan d'amour et de gratitude, il se retourne, tombe à genoux et renonce joyeusement *à* son affranchissement. Plutôt que de continuer à vivre pour lui-même, il abandonne tout pour devenir l'esclave du Christ.

JÉSUS EST LE SEIGNEUR DE MA VIE

> *Beaucoup de ceux qui ont d'abord suivi Jésus étaient les mêmes qui, plus tard, ont réclamé sa crucifixion. Peu de choses ont changé. De nos jours, de nombreuses personnes se rattachent superficiellement à Jésus sur le site*
>
> *. . . .*

C'est une chose de se déclarer chrétien parce que l'on vit dans une culture majoritairement chrétienne, c'en est une autre de l'être réellement. Par exemple, je vis dans le sud des États-Unis, la région du pays traditionnellement connue sous le nom de Bible Belt. Si nous devions retourner dans la rue pour interroger les gens, beaucoup d'entre eux affirmeraient que Jésus est le Seigneur de leur vie. Ils diront qu'ils sont nés de nouveau parce qu'ils ont grandi dans une église. Mais si nous pouvions observer leur vie, nous nous apercevrions rapidement qu'elle ne témoigne pas d'une rencontre avec Lui. Ils ont peut-être eu un peu de religion à un moment donné, mais ils ne sont jamais nés de nouveau par l'Esprit de Dieu, sortis de la mort et des ténèbres pour entrer dans la vie et la lumière.

Cela n'arrive pas seulement dans la ceinture biblique. Beaucoup de ceux qui ont d'abord suivi Jésus étaient les mêmes qui, plus tard, ont réclamé sa crucifixion. Peu de choses ont changé. Des personnes du monde entier ont fait cette expérience, y compris moi. Beaucoup de gens se rattachent superficiellement à Jésus, mais cela ne suffira jamais. Et ce ne sera certainement pas le cas lorsqu'ils se tiendront devant Dieu le jour du jugement dernier. Jésus traite ces personnes de menteurs et d'hypocrites (Matthieu 7.21-23). Si tu veux être sauvé, tu dois naître de nouveau.

Avant de poser votre tête sur l'oreiller ce soir, pourquoi ne pas régler la question vous-même ? Posez-vous la question :

Pourquoi est-ce que je vis ?
Est-ce que j'ai ce cœur mal aligné, impur et pierreux, ou est-ce que j'ai ce cœur nouveau que seul Dieu peut donner ?

Mieux encore, demandez à Dieu,
"Seigneur, fais-moi renaître par ton Esprit".

Pourquoi vivez-vous ?

PAS DE CRAINTE

Beaucoup de choses dans ce monde peuvent prétendre changer votre vie pour le mieux. Et certains le font certainement. Tomber amoureux change votre vie, n'est-ce pas ? Recevoir cette offre d'emploi unique est un grand jour dans la vie de chacun. Un homme adulte peut être réduit à pleurer de joie la première fois qu'il tient son fils ou sa fille nouveau-né. Mais rien dans ce monde n'est comparable à la liberté que Dieu donne lorsqu'il pardonne les péchés et supprime cette peur omniprésente et lancinante de la mort.

LA VIE S'ACCÉLÈRE

Il n'y a pas deux vies identiques. J'ai été surpris d'apprendre, il y a quelques années, que même les jumeaux identiques ont des empreintes digitales différentes. Mais ce qui nous unit tous, c'est l'inéluctabilité de la mort. Nous le ferons tous un jour, et plus tôt que nous ne le pensons.

À l'heure où j'écris ces lignes, j'ai cinquante ans. Je n'arrive pas à croire que j'ai terminé mes études secondaires il y a plus de trente ans. Le célèbre philosophe Sénèque a fait remarquer que "pendant que nous remettons à plus tard, la vie passe plus vite". Il a raison, je n'arrive pas à croire que "la vie passe si vite". Vous êtes peut-être encore jeune et ne vous rendez pas compte à quel point le temps passe vite. Ce

Jésus A Tout Changé

que je dis peut sembler étrange aujourd'hui, mais un jour vous le remarquerez aussi.

Le grand roi d'Israël, David, était également musicien et poète. Dans l'un de ses psaumes, il réfléchit à la brièveté de la vie. Il a écrit : "L'homme est semblable à un souffle, Ses jours sont comme l'ombre qui passe" (Psaume 144.4). Jacques, le demi-frère de Jésus, a dit à peu près la même chose lorsqu'il a mis en garde contre la folie de faire des projets en dehors de Dieu : "Vous qui ne savez pas ce qui arrivera demain ! car, qu'est-ce votre vie ? Vous êtes une vapeur qui paraît pour un peu de temps, et qui ensuite disparaît" (Jacques 4.14).

L'idée de mourir vous effraie-t-elle ? Cela devrait tous nous effrayer. Le problème, c'est que ce n'est généralement pas le cas. Nous pensons qu'elle est lointaine et nous la chassons de notre esprit. Les jeunes pensent que cela n'arrivera pas avant longtemps. À l'âge mûr, ils ont assisté à suffisamment d'enterrements pour se rendre compte que cela pourrait arriver plus tôt que tard. À un âge avancé, nombreux sont ceux qui se persuadent qu'ils n'ont pas peur de mourir. Le théologien R. C. Sproul a dit un jour que la raison pour laquelle les gens se vantent de ne pas avoir peur de la mort est qu'ils ne sont pas encore en train de mourir.

PRIS AU PIÈGE DU CHASSEUR

Dans l'Ancien Testament, l'expression "les filets de la mort" est utilisée à de nombreuses reprises. Par exemple, dans le Psaume 18, David écrit : "Les liens du sépulcre m'avaient entouré, Les filets de la mort m'avaient surpris" (Psaume 18.6). C'est une description frappante. Le spécialiste de la Bible

Heinrich A. W. Meyer nous aide à comprendre ce que dit la Bible lorsqu'il écrit que "les pièges de la mort" signifient que la mort est "personnifiée. . . comme un chasseur qui tend un piège". Tôt ou tard, chacun d'entre nous tombe dans l'un de ses pièges. La Cambridge Bible for Schools and Colleges brosse un tableau encore plus vivant, décrivant la mort et la tombe comme "probablement représentées comme des chasseurs à l'affût de leur proie avec des nœuds coulants et des filets". N'est-ce pas ce que fait la mort ? Dès le moment où nous sommes dans le ventre de notre mère, la mort nous attend. Nous avons beau manger sainement et faire de l'exercice, la mort nous poursuit. Il finit par nous rattraper. Plus nous vieillissons, plus nous ressentons sa froide inévitabilité.

Avoir peur de mourir est une façon pour Dieu de confirmer cette petite voix en chacun de nous qui ne cesse de dire : "Il y a un Dieu" : "Il y a un Dieu".

Dans le Nouveau Testament, l'apôtre Pierre a utilisé cette même expression : "des liens de la mort". Par "liens", il entend les douleurs ou l'agonie d'une personne liée et attachée, incapable de s'échapper. L'apôtre déclare que la mort a ce genre d'emprise sur toute la race humaine, mais Dieu a ressuscité le Christ d'entre les morts, "Dieu l'a ressuscité, en le délivrant des liens de la mort, parce qu'il n'était pas possible qu'il fût retenu par elle." (Actes 2.24).

LA PEUR DE LA MORT NOUS RENVOIE À L'EXISTENCE DE DIEU

Dieu a la miséricorde de nous avertir. Il a mis la peur de la mort en chacun de nous pour notre bien. Aussi surprenant que cela puisse paraître, la peur de la mort est un don de Dieu. D'une part, avoir peur de mourir est une façon pour Dieu de confirmer la petite voix qui se fait entendre en chacun de nous : Il y a *un Dieu*. Nous avons beau dire que nous croyons le contraire, la peur de la mort, comme toute la création elle-même, est la preuve que rien de tout cela n'existe par hasard.

Sous l'inspiration divine, l'apôtre Paul a écrit que lorsque des hommes et des femmes tentent de nier l'existence de Dieu, ils ne font qu'essayer de supprimer ce que leur conscience leur dit être vrai :

> *La colère de Dieu se révèle du ciel contre toute impiété et toute injustice des hommes qui retiennent injustement la vérité captive,*
> *19 car ce qu'on peut connaître de Dieu est manifeste pour eux, Dieu le leur ayant fait connaître.*
> *20 En effet, les perfections invisibles de Dieu, sa puissance éternelle et sa divinité, se voient comme à l'oeil, depuis la création du monde, quand on les considère dans ses ouvrages. Ils sont donc inexcusables,*
> *(Romains 1.18-20)*

En d'autres termes, il n'existe pas d'agnostique ou d'athée, mais seulement des personnes qui refusent de reconnaître la vérité à laquelle leur conscience divine et le monde qui les entoure les confrontent : *Dieu* existe.

En d'autres termes, il n'existe pas d'agnostique ou d'athée, mais seulement des personnes qui refusent de reconnaître la vérité à laquelle leur conscience divine et le monde qui les entoure les confrontent : Dieu existe.

Permettez-moi de vous donner un exemple de ce qui se passe dans la vie de la plupart des gens. Vers 2016, j'ai développé des acouphènes (bourdonnements d'oreille). Je n'ai aucune idée de ce qui a provoqué cela, mais je vis maintenant avec un son strident constant dans les deux oreilles. La plupart du temps, je ne le remarque pas, le bruit de la vie l'étouffe. Mais dans une pièce calme, ou si je me réveille au milieu de la nuit alors que tout le reste est silencieux, la sonnerie dans ma tête remplit la pièce, ou du moins *donne l'* impression de le faire.

La conscience que Dieu nous a donnée est comme un acouphène moral et spirituel. Il est constamment avec nous. Mais il est facile de mener notre vie quotidienne, avec tous ses bruits, ses divertissements et ses distractions, et de laisser ces choses noyer les rappels retentissants de l'existence de Dieu et du fait que cette vie est plus importante qu'il n'y paraît. L'"homme naturel", comme la Bible appelle une personne qui ne connaît pas Dieu, supprime toutes les preuves naturelles de l'existence de Dieu. Ils passent toute leur vie à essayer de bloquer les preuves intérieures et extérieures qui les entourent.

LA PEUR DE LA MORT NOUS RENVOIE À L'ÉTERNITÉ

La peur de la mort a une autre raison d'être dans le dessein de Dieu. Elle nous montre également qu'il y a quelque chose d'autre après la mort, que nous ne cessons pas simplement d'exister. Au contraire, la Bible nous enseigne que Dieu a mis l'éternité dans le cœur de chacun (Ecclésiaste 3.11). Nous savons qu'il existe. La peur de la mort est la sonnette d'alarme qui retentit à l'intérieur de chacun d'entre nous : *"Oui, la Bible a raison, je suis éternel"*.

Peut-être qu'en lisant ces lignes, vous vous dites, *mais je ne crains pas la mort !* Il n'y a que trois raisons pour lesquelles quelqu'un dirait cela. La première raison, comme nous l'a appris R. C. Sproul plus tôt, est que vous n'êtes pas encore en train de mourir. Lorsque votre dernier moment arrivera, vous pourrez. Sinon, pourquoi les gens plaident-ils pour leur vie lorsqu'ils sont en danger de mort ? Les derniers mots de Sigmund Freud, le célèbre fondateur de la psychiatrie et athée autoproclamé, ont été une effroyable complainte de regret. Juste avant de passer dans l'éternité, il a déclaré : "Maintenant, ce n'est plus qu'une torture et cela n'a plus aucun sens ".[2]

LA PEUR DE LA MORT ANESTHÉSIÉE

Une autre raison pour laquelle vous ne craignez peut-être pas la mort, selon la Bible, est que vous avez choisi de vivre votre vie loin de Dieu. Par conséquent, Dieu endurcit le cœur de ces personnes, cautérisant leur conscience au-delà de tout sentiment ou de toute préoccupation, comme si elle avait été "la marque de la flétrissure dans leur propre conscience," (1 Timo-thée 4.2). En d'autres termes, Dieu donne à une telle personne exactement ce qu'elle a voulu toute sa vie : aucune part en Lui. Lorsque la fin arrive, c'est un endroit terrifiant.

L'idée de mourir et de rencontrer votre
Créateur devrait vous effrayer.
Mais ce n'est pas une obligation.

LA PEUR DE LA MORT NOUS RENVOIE À JÉSUS

L'idée de mourir et de rencontrer votre Créateur devrait vous effrayer. Mais ce n'est pas une obligation. C'est la troisième raison pour laquelle une personne peut ne pas craindre la mort : Jésus enlève la peur, désarmant le pouvoir de la mort sur une personne.

Rappelez-vous ce que l'apôtre Pierre a prêché ce jour-là, au chapitre 2 des Actes des Apôtres : Jésus a enlevé l'aiguillon de la mort inévitable, inéluctable, parce qu'il en a triomphé (1 Corinthiens 15.55-57 ; Colossiens 2.15). Et maintenant, il offre de partager sa victoire sur la mort et l'enfer à tous ceux qui se repentent de leurs péchés et croient en lui.

À ce stade, vous auriez raison de me demander si j'ai peur de la mort ? Naturellement, je n'attends pas avec impatience les douleurs de mes dernières heures, mais Proverbes 14.32 promet que "Mais le juste trouve un refuge même en sa mort." Être "juste" signifie être en règle avec Dieu. Quelqu'un qui est en accord avec Dieu a la certitude que, le moment venu, Dieu sera son refuge. Grâce à Dieu, il a pris mon péché et mon injustice et m'a donné *sa* justice par le Christ. Ainsi, lorsque mon heure viendra, je sais sans aucun doute que Dieu sera mon lieu sûr, mon refuge. Il me donnera la grâce d'endurer tout ce qui peut arriver et ensuite il me portera dans la vie éternelle.

En outre, ces douleurs ne dureront de toute façon qu'un temps. Qu'ils durent des années, des mois ou seulement quelques minutes, ils ne dureront pas éternellement. Au moment où mon corps meurt, le Seigneur a promis que mon esprit sera immédiatement avec Lui pour toujours. Je sais parfaitement où je vais. Je vais au paradis pour être avec Jésus.

JÉSUS ENLÈVE LA PEUR DE LA MORT

Lorsqu'il a ressuscité son ami Lazare, Jésus a proclamé,

Je suis la résurrection et la vie. Celui qui croit en moi vivra, quand même il serait mort ; et quiconque vit et croit en moi ne mourra jamais. Crois-tu cela ?
(Jean 11.25-26)

Au fait, pourquoi pensez-vous que Jésus a ressuscité Lazare d'entre les morts ? Il a appelé Lazare à sortir de son tombeau après quatre jours de mort pour montrer publiquement qu'il est Dieu et que lui seul a le pouvoir de donner la vie éternelle à tous ceux qui croient en lui. La Bible dit que "Car le salaire du péché, c'est la mort ; *mais le don gratuit de Dieu, c'est la vie éternelle en Jésus Christ notre Seigneur.*" (Romains 6.23, italiques ajoutés). Tout comme Jésus a ressuscité Lazare de sa mort physique, Jésus a le pouvoir de vous ressusciter de la mort spirituelle à la vie spirituelle.

Tout comme Jésus a relevé Lazare de sa mort physique, Jésus a le pouvoir de vous faire passer de la mort spirituelle à la vie spirituelle.

Peu de temps après avoir ressuscité Lazare, peu de temps avant son arrestation, sa mort et sa résurrection, Jésus a promis à ses disciples qu'il retournait auprès du Père pour leur préparer une place et qu'un jour, il reviendrait les chercher pour les emmener là où il se trouve (Jean 14.2-3).

Ce ne sont pas des promesses en l'air. Tout comme il n'était pas vain de promettre aux sœurs de Lazare qu'il le ressusciterait d'entre les morts. Il a fait ce qu'il avait dit.

Je n'ai pas peur de la *mort* parce que Jésus a changé ma *vie*. Dieu, dans sa Parole, a donné aux croyants de nombreuses promesses concernant la joie de la vie éternelle avec lui. Il fait toujours ce qu'il a dit qu'il ferait.

C'est à lui que je dois ma certitude, et non à moi. Tout ce que j'ai fait, c'est pécher contre le Seigneur. Tout cela est dû à ce que Jésus a fait pour moi, à sa miséricorde qui est descendue jusqu'à moi pour me sauver. Parce qu'il a porté la couronne d'épines ce jour-là, tous ceux qui se tournent vers lui dans la foi porteront un jour la couronne de la vie éternelle (Apocalypse 2.10).

Combien d'entre nous peuvent honnêtement dire qu'ils n'ont pas peur de la mort ? Le pouvez-vous ?

Un homme comme Aucun autre

Si vous ne le saviez pas déjà, je suis passionné par l'idée de persuader les gens de lire la Bible. Pourquoi ? Parce que c'est le seul endroit au monde où l'on peut trouver de vraies réponses, la vraie vérité. On peut (et on le fait) chercher partout—toutes sortes de religions, de spiritualités, de livres de développement personnel, de philosophies humanistes et de célébrités de la culture populaire. . . . mais tout cela vous fera défaut. "Telle voie paraît droite à un homme," dit la Bible, "mais son issue, c'est la voie de la mort" (Proverbes 14.12). Ils vous feront défaut dans cette vie ou dans l'autre, lorsqu'il sera trop tard pour y renoncer.

Pour connaître Dieu, pour connaître la vérité, il faut aller à la Bible. Lorsque nous lisons la Bible en demandant à Dieu d'ouvrir nos yeux à son message, des vérités étonnantes jaillissent de la page.

Le quatrième livre du Nouveau Testament est l'Évangile de Jean, l'un des quatre Évangiles. Ensemble, ils sont plus que des récits biographiques de la vie terrestre et du ministère de Jésus. Il s'agit de témoignages oculaires. Matthieu et Jean sont des récits de première main, tandis que Marc et Luc sont des récits de seconde main hautement attestés. Jean était l'un des trois plus proches disciples (puis apôtres) de Jésus. J'ai lu l'Évangile de Jean des dizaines de fois. Au cours de mon dernier semestre de séminaire, je l'ai lu chaque semaine pendant quinze semaines. Et pourtant, chaque fois que je le lis, je découvre des détails et des vérités que je n'avais pas vus auparavant. Le quatrième chapitre de l'Évangile de Jean raconte l'histoire de Jésus et de la Samaritaine au bord du puits. C'est une histoire célèbre qui raconte comment Jésus a intentionnellement apporté le message du salut, la Bonne Nouvelle, aux étrangers. Il l'a d'abord apporté à la femme lors de sa conversation avec elle, puis elle a couru raconter cet étonnant Visiteur aux autres habitants de son village. Regardez la progression de la perception de Jésus dans l'Évangile de Jean, chapitre 4.

- Tout d'abord, il est considéré comme un Juif (4.9), l'un des plus nombreux.
- Mais il est ensuite appelé un prophète (4.19), l'un des rares à être estimé.
- Troisièmement, il est appelé le Christ (4.29), celui qui a été promis pour sauver le peuple de Dieu, Israël.
- Quatrièmement, le Sauveur du monde (4.42), non seulement du peuple de l'alliance de Dieu, Israël, mais de tous ceux que Dieu sauvera et rassemblera à lui, de toute tribu, de tout peuple et de toute langue (Apocalypse 7.9).

Imaginez aussi à quel point Jésus a dû être étonnant à voir et à entendre. Après seulement deux jours, les habitants de la ville sont arrivés à une conclusion stupéfiante :

Ils ne pensaient pas que Jésus était simplement *un Juif*.

Ils ne l'ont pas simplement considéré comme*un prophète*.

Ils n'étaient pas seulement convaincus qu'il était le Messie tant attendu, le *Christ*.

Non, plus que tout cela, après avoir passé quarante-huit heures avec lui, un homme et une femme ont conclu que cet homme n'était autre que, *le Sauveur du monde*. Il n'était pas seulement le Messie et le Sauveur promis à Israël ; ils ont professé qu'il était aussi le leur. Qu'est-ce qui, chez Jésus, a eu un tel effet sur eux ? La Bible nous le dit, et ce n'est pas ce que nous pourrions penser.

QUEL HOMME ORDINAIRE POURRAIT AVOIR UNE TELLE EMPRISE SUR LES GENS ?

Jésus n'avait pas d'armée. Pas de technologie. Il n'y a pas de tour de passe-passe ou d'artifice pour les tromper. Il n'a pas voyagé avec la pompe impressionnante qui accompagne la descente de l'escalier présidentiel Air Force One.

La Bible ne nous dit pas à quoi ressemblait Jésus, si ce n'est qu'aucun d'entre nous ne lui aurait accordé un second regard dans la rue. Tout ce que nous savons, c'est qu' "Il n'avait ni beauté, ni éclat pour attirer nos regards, Et son aspect n'avait rien pour nous plaire" (Ésaïe 53.2). Il n'avait pas de charme extérieur ni d'allure robuste sur lesquels s'appuyer. Quel que soit son aspect, Jésus était si peu imposant que les enfants n'hésitaient pas à s'approcher de lui. Il était si commun dans son apparence extérieure que lorsque les soldats romains sont allés l'arrêter, Judas Iscariote a dû le trahir par un signe, afin qu'ils sachent qui arrêter : Celui que j'embrasse, c'est lui ; saisissez-le (Matthieu 26.48).

En elle était la vie, et la vie était la
lumière des hommes, pleine de grâce et
de vérité. (Jean 1.4,14)

La Bible dit que lorsque Jésus a quitté le ciel pour venir sur terre et devenir un homme, il était pleinement Dieu, bien qu'il se soit dépouillé de sa gloire divine, qu'il se soit fait une réputation, qu'il ait pris la forme d'un esclave et qu'il soit né à la ressemblance de l'homme (Philippiens 2.7). En le regardant, rien ne laissait supposer qu'il sortait de l'ordinaire. Jésus n'avait pas de richesse non plus. Tout ce qu'il avait, c'était lui-même.

Et il était tout.

En elle était la vie, et la vie était la lumière des
hommes, pleine de grâce et de vérité.
(Jean 1.4,14)

Il n'y a jamais eu que deux réactions lorsque Jésus est entré dans une ville. Soit il a été accueilli comme nous l'avons été au début, soit il a été chassé de la ville. Luc rapporte ce qui s'est passé dans une autre ville : "Tous les habitants du pays des Géraséniens prièrent Jésus de s'éloigner d'eux. . ." (Luc 8.37). Dans une autre ville, il note : "Mais on ne le reçut pas. . ." (Luc 9.53). En fait, dans le début de son récit évangélique, Jean va encore plus loin et indique clairement que *le monde lui-même* n'a pas accueilli Jésus :

Cette lumière était la véritable lumière, qui, en
venant dans le monde, éclaire tout homme. Elle
était dans le monde, et le monde a été fait par

elle, et le monde ne l'a point connue. Elle est
venue chez les siens, et les siens ne l'ont point
reçue.
(Jean 1.9-11)

Il y a eu plus de villes et de personnes qui ont rejeté Jésus pendant son ministère terrestre que de personnes qui l'ont accepté. Beaucoup de ces premiers disciples qui l'ont suivi ont fini par rebrousser chemin et ne plus le suivre. Et bien sûr, nous savons qu'il n'a fallu que quelques jours pour que la foule à Jérusalem passe du chant de ses louanges et de l'imposition de branches de palmier aux cris de "Crucifiez-le !".

RIEN N'A CHANGÉ

Il en va de même aujourd'hui. Malgré les preuves accablantes, certaines personnes nient l'existence de Jésus. Totalement ignorants des faits les plus élémentaires à son sujet, ils affirment que Jésus est un mythe. Mais la plupart des gens, et toutes les grandes religions du monde, reconnaissent que Jésus était une personne réelle. Ils admettent généralement qu'il s'agissait d'un professeur spécial. Certains vont jusqu'à l'honorer comme un prophète envoyé par Dieu. Mais souvent, ils s'abstiennent de dire que Jésus *était* Dieu.

Mais rien de tout cela n'est suffisant. Professer qu'il était un homme bon, voire un prophète, mais pas Dieu, est aussi offensant pour lui que de nier qu'il ait jamais existé. Tous deux nient ce que Dieu a prophétisé dans les Écritures. Tous deux nient ce que Jésus a dit de lui-même. Et tous deux nient les œuvres qu'il a accomplies. Pensez-y. Existe-t-il une insulte plus suprême à Dieu que de refuser de reconnaître qui Il a dit être ? Nier que Jésus soit pleinement Dieu et pleinement Homme revient à nier à la fois la révélation surnaturelle et les preuves accablantes. Dire que Jésus est autre chose que Dieu descendu sur terre, c'est le traiter de menteur.

Si nous nous félicitons de croire que Jésus est Dieu, mais que nous ne nous inclinons pas ensuite devant lui dans l'adoration et l'abandon total à sa seigneurie sur nos vies, nous l'insultons avec des paroles sans valeur.

Mais il y a une autre erreur que nous risquons de commettre. Elle est également subtile. Un autre danger mortel est de considérer Jésus comme étant exactement ce qu'il a dit qu'il était—le Fils de Dieu—et de se contenter d'en rester là. Vous vous souvenez des soldats romains qui ont arrêté Jésus dans le chapitre 18 de Jean ? Jésus leur a déclaré sa véritable identité, révélant sa divinité, lorsqu'il a dit : "C'est moi" (18.5). Jean informe ses lecteurs qu'en réponse aux paroles de Jésus, ces soldats romains aux nerfs solides "ils reculèrent et tombèrent par terre" (Jean 18.6). On aurait pu penser que cela les ferait réfléchir à deux fois, mais non. Ils ont ressenti quelque chose de la gloire de Jésus et sont tombés à la renverse, mais ils se sont ensuite relevés et ont continué à l'arrêter.

Sommes-nous meilleurs ? Si nous nous félicitons de croire que Jésus est Dieu, mais que nous ne nous inclinons pas ensuite devant lui pour l'adorer, en nous soumettant totalement à sa seigneurie sur nos vies, nous ne faisons que l'insulter avec des paroles sans valeur. Jésus lui-même avertit ces personnes : "Ceux qui me disent : Seigneur, Seigneur ! n'entreront pas tous dans le royaume des cieux, mais celui-là seul qui fait la volonté de mon Père qui est dans les cieux" (Matthieu 7.21).

QU'EST-CE QUE "CROIRE" EN JÉSUS ?

Nous avons déjà vu comment Jean, dans l'introduction de son Évangile, dit que Jésus est venu dans le monde et qu'ils ne l'ont pas reçu. Jean annonce une bonne nouvelle dans la phrase suivante, lorsqu'il dit : "...Mais à tous ceux qui l'ont reçue, à ceux qui croient en son nom" (Jean 1.12).

QU'EST-CE QUE CROIRE EN JÉSUS ?

Des millions de personnes diraient qu'elles "croient" en Jésus, mais selon la description qu'en fait la Bible, il ne s'agit pas seulement d'une connaissance de tête ou d'un assentiment intellectuel. Comme le définit le commentateur biblique Albert Barnes, croire signifie "mettre en confiance, compter sur le soutien et la consolation".[3]

". . . Mais à tous ceux qui l'ont reçue, à ceux qui croient en son nom"
(Jean 1.12)

Les individus ne peuvent voir et croire en Jésus que par l'action du Saint-Esprit dans leur vie. Il les attire vers Jésus. Il leur ouvre les yeux sur la personne et la puissance de Jésus afin qu'ils puissent voir par eux-mêmes que Jésus n'est pas un homme ordinaire, exactement comme les Samaritains l'ont fait ce jour-là. Dans la foi salvatrice, ils annoncent et confessent eux aussi que Jésus "est vraiment le Sauveur du monde".

Un homme comme Aucun autre

Jésus a changé ma vie

Que diriez-vous si nous étions assis ensemble autour d'une tasse de café et que je vous disais que j'ai vécu une expérience qui a changé ma vie ? Vous seriez probablement un peu sceptique, et à juste titre.

Après tout, tout dépend de l'expérience vécue, n'est-ce pas ? De nombreuses personnes affirment que quelque chose ou quelqu'un a changé leur vie. Nous avons tendance à nous méfier de ces affirmations, et ce à juste titre. De même, ce qui change votre vie peut ne pas en changer pour moi, et vice versa.

Affirmer qu'une chose "change la vie" est le genre d'affirmation que l'on trouve presque partout, des publicités télévisées aux argumentaires de marketing multi-niveaux, en passant par les cultes religieux. Les publicitaires dépensent des millions de dollars chaque année dans l'espoir de nous convaincre que l'achat de leur produit changera notre vie.

Pour qu'une affirmation soit authentique, elle doit être vérifiable. Elle doit être étayée par des preuves. Quelle serait la preuve qu'une personne a vécu une expérience qui a changé sa vie ? *Que sa vie a vraiment changé.* Pour étayer cette affirmation, il faut qu'il y ait une différence évidente et permanente par rapport à ce qu'ils étaient auparavant.

JÉSUS-CHRIST A CHANGÉ MA VIE

En tapant ceci sur mon ordinateur, j'ai fait une recherche rapide sur Google sur l'expression "a changé ma vie". Voulez-vous deviner le nombre de résultats obtenus ? (Voici un indice : quoi que vous soyez sur le point de deviner, devinez plus haut. Beaucoup plus). Il y a plus de 1,5 *milliard de* pages web qui ont un rapport avec les expériences qui changent la vie. Avec tant de prétentions à changer véritablement la vie, Jésus est-il vraiment si différent de toutes les autres prétentions ?

Absolument.

Nous avons déjà parlé de la façon dont il a changé le monde, mais j'aimerais maintenant vous parler un peu de la façon dont il a changé *ma* vie. J'aimerais avoir le temps de vous raconter toutes les façons dont il a changé ma vie. Chaque jour, je suis un homme différent et meilleur que la veille. Dans ce chapitre, je veux vous raconter trois façons dont Jésus a changé ma vie, puis je vais vous demander de faire deux choses.

FINI LA MAUVAISE CONSCIENCE

Depuis que le Seigneur m'a sauvé de ma vie de christianisme culturel et d'hypocrisie religieuse, et qu'il a fait de moi un vrai chrétien biblique, je me réveille chaque jour avec une conscience propre. J'ai des regrets par rapport à mon ancienne vie, mais je n'ai plus de *culpabilité*. Parce que Jésus a payé la peine pour mes péchés à ma place. Toutes les pensées, paroles et actions laides et pécheresses que j'ai jamais faites— même celles auxquelles je repense et qui me font mal au cœur—sont toutes pardonnées. Lorsque Satan les évoque et m'accuse, je jouis de la paix du pardon total de Dieu. À la fin de chaque journée, je pose ma tête sur mon oreiller en paix. Aucun de mes péchés n'a plus de pouvoir sur moi ou sur ma conscience.

Pouvez-vous dire cela ? Le système de croyances, d'éthique ou de spiritualité sur lequel vous fondez votre vie vous donne-t-il une telle assurance ? Je sais que ce n'est pas le cas parce que je sais que ce n'est pas possible.

Je ne dis pas cela avec fierté. Je le sais parce qu'avant que Jésus ne me sauve, j'avais tellement de culpabilité et de honte pour ce que j'avais fait dans ma vie. J'ai essayé toutes sortes de philosophies pour trouver la paix et des moyens de faire taire ma conscience bruyante au lieu de me tourner vers Dieu. Certaines choses ont permis de masquer les symptômes pendant un certain temps, mais rien n'a apporté le remède promis. Rien n'avait le pouvoir d'enlever la tache du péché ou de me déclarer innocent devant Dieu.

Pourquoi ? Parce que j'allais partout sauf vers le Seigneur. Lorsque vous êtes coupable d'un crime et que vous avez besoin d'implorer la pitié, vous n'allez pas dans un endroit comme un centre commercial, vous allez voir le juge et vous vous en remettez à la pitié du tribunal. Dieu est le juge de tout homme. Nous nous tiendrons tous devant lui un jour. Lorsque nous le ferons, nous ne serons pas jugés selon nos critères de ce qui est juste, mais selon les siens. Seul Dieu peut effacer la culpabilité de nos péchés commis contre lui et contre les autres.

Aucun nombre de bonnes œuvres ne pourra jamais apporter la paix avec Dieu, ne serait-ce que pour un seul péché. La Bible dit : "Car c'est par la grâce que vous êtes sauvés, par le moyen de la foi. Et cela ne vient pas de vous, c'est le don de Dieu. Ce n'est point par les oeuvres, afin que personne ne se glorifie." (Ephésiens 2.8-9). Nous ne pouvons jamais mériter le pardon de Dieu, c'est à lui de l'accorder. C'est ce qu'on appelle la grâce.

La grâce de Dieu n'est disponible que grâce à Jésus. Revenons au sermon de l'apôtre Pierre le jour de la Pentecôte, lorsque le Saint-Esprit est venu et est tombé sur les croyants, les remplissant d'une puissance spirituelle. Regardez comment il annonce largement et librement l'offre de Dieu du pardon des péchés maintenant disponible par Jésus :

> Que toute la maison d'Israël sache donc avec certitude que Dieu a fait Seigneur et Christ ce Jésus que vous avez crucifié.
>
> Après avoir entendu ce discours, ils eurent le coeur vivement touché, et ils dirent à Pierre et aux autres apôtres : Hommes frères, que ferons-nous ?
>
> Pierre leur dit : Repentez-vous, et que chacun de vous soit baptisé au nom de Jésus Christ, pour le pardon de vos péchés ; et vous recevrez le don du Saint Esprit.
>
> Car la promesse est pour vous, pour vos enfants, et pour tous ceux qui sont au loin, *en aussi grand nombre que le Seigneur notre Dieu les appellera.*
>
> (Actes 2.36-39, italiques ajoutés)

Jésus a tout changé parce que, en tant que Seigneur et Christ, il est venu racheter du péché et sauver tous ceux que Dieu a appelés et qui viennent à lui dans la foi. Il a été crucifié sur la croix, il a payé de son propre sang les péchés de tous ceux que Dieu appellera à lui, il est mort et il est ressuscité. La même offre vous est proposée aujourd'hui. "et pour tous ceux qui sont au loin, en aussi grand nombre que le Seigneur notre Dieu les appellera," c'est aussi pour vous. Si vous vous détournez de vos péchés et vous tournez vers Jésus, vous pouvez connaître la joie des péchés pardonnés et la paix avec Dieu.

JÉSUS EST RÉEL ET LA BIBLE EST VIVANTE

Parce que Jésus a changé ma vie, la Bible enseigne qu'il vit désormais en moi et que je suis "en" lui sur le plan relationnel. Depuis que je suis devenu chrétien, lorsque je lis sur Jésus dans la Bible, je ne vois pas un personnage dans un livre. Je ne vois pas un personnage historique unidimensionnel. La Bible prend vie pour moi maintenant.

Je suis attiré par sa bonté lorsqu'il prend un aveugle par la main et le conduit aux abords de son village pour qu'il lui rende la vue.

La Bible a toujours été vivante. La Parole de Dieu déclare d'elle-même : "Car la parole de Dieu est vivante et efficace, plus tranchante qu'une épée quelconque à deux tranchants, pénétrante jusqu'à partager âme et esprit, jointures et moelles ; elle juge les sentiments et les pensées du coeur" (Hébreux 4.12). Ses vérités sont cachées à l'homme naturel qui ne connaît pas Dieu (1 Corinthiens 2.14). Mais maintenant, Jésus m'a aussi envoyé le Saint-Esprit, comme il le fait pour tous les croyants. Dieu le Père a donné toutes choses au Fils (Jésus) qui, à son tour, a envoyé l'Esprit pour enseigner à tous ceux qui sont nés de nouveau par l'Esprit à connaître Dieu et il nous donne le pouvoir de lui obéir (Jean 3.3 ; 16.13, 14).

Quand je lis la Bible aujourd'hui, c'est tellement réel que je peux presque sentir les brises sur la mer de Galilée. Je ris quand je lis que Jésus utilise l'humour pour faire passer un message. Je suis attiré par sa bonté lorsqu'il prend un aveugle par la main et le conduit aux abords de son village pour qu'il lui rende la vue.

Moi-même ne mesurant pas exactement 1,80 m, je peux comprendre l'histoire du pauvre petit Zachée qui a grimpé sur un arbre pour mieux voir Jésus dans la foule qui passait. L'un des passages que je préfère dans l'histoire de Zachée, c'est lorsque je lis comment Jésus s'arrête, regarde Zachée dans l'arbre et l'appelle par son nom : "Zachée, dépêche-toi de descendre. Je dîne chez toi ce soir".

Je lis sur Jésus et c'est comme si je lisais un article sur quelque chose qu'il a fait hier ; et quand je le lis, je lis sur mon ami. Jésus est aussi réel pour moi que n'importe quel ami que je peux appeler sur mon téléphone.

En fait, il est plus proche que cela, il vit dans mon cœur. Lorsque je suis impatient et que je m'en prends à ma femme, Jésus est là et me dit : *Antoine, tu sais mieux que cela. Maintenant, allez-y, excusez-vous auprès d'elle.* Il est aussi réel dans ma vie que si je pouvais écarter un rideau magnifiquement tissé et vous révéler un grand hall empilé du sol au plafond et scintillant de bijoux, d'or et de trésors inestimables. Il est beau, gentil, bon, généreux, aimant, invincible, lointain et pourtant si proche... tout cela et plus encore.

Et pourtant, ne confondez pas sa douceur avec de la faiblesse. Il ne souffre pas les imbéciles. Il est patient maintenant, mais un jour il se lèvera dans un jugement juste pour détruire ses ennemis. Il est un "héros puissant" (Jérémie 20.11). Il est Dieu. Il est le Seigneur. Et il est mon Dieu. Monseigneur. Il est mon Maître, mon Créateur, mon Sauveur et mon Roi. Il m'a créé et je lui appartiens. C'est lui qui "mène la barque" dans ma vie, pas moi.

Et il est le meilleur maître que tu puisses souhaiter. Il est certainement un meilleur Maître que celui que j'avais lorsque je servais le diable et que je faisais mes propres affaires.

À VOUS DE JOUER

Je vous ai dit que j'allais vous raconter trois façons dont Jésus a changé ma vie et qu'ensuite je vous demanderais de faire deux choses. C'est maintenant à vous de jouer.

Tout d'abord, décidez vous-même si mon témoignage d'une rencontre avec Jésus qui a changé votre vie sonne juste. Je sais que vous ne me connaissez pas personnellement. Tu ne vis pas avec moi pour voir comment je suis à la maison. Vous ne savez pas comment je traite ma femme et les autres. Vous ne pouvez pas voir mon cœur. Mais d'après ce que vous pouvez dire, ma vie a-t-elle vraiment changé, ou est-ce que j'agis comme une agence de publicité de Madison Avenue, espérant vous persuader de la qualité d'une nouvelle marque de détergent à lessive ?

Deuxièmement, revenez en arrière et réfléchissez à vos propres croyances, auxquelles je vous ai déjà invité à réfléchir à plusieurs reprises. Imaginez que vous les tenez devant vous et que vous les inspectez comme vous le feriez pour un diamant à la loupe d'un bijoutier. Comment vos philosophies, votre spiritualité, quel que soit le nom que vous lui donnez, se comparent-elles au Christ ? Cela vaut-il vraiment la peine de s'y accrocher ?

Jésus a changé ma vie

CE QUE SIGNIFIE SUIVRE JÉSUS

Je me suis assis. Stylo en main. Contrat devant moi. Tout ce que j'avais à faire était de signer mon nom et ma vie prendrait une toute autre direction. Si je signais, quelques minutes plus tard, je serais introduit dans une salle remplie d'autres personnes qui venaient de faire de même et, ensemble, nous serions des recrues assermentées de l'armée de l'air des États-Unis.

Quel est le rapport entre mon histoire et le fait d'être chrétien ? Nous entendons beaucoup parler de suivre Jésus. Mais qu'est-ce que cela signifie exactement ? Et qu'est-ce que cela nous coûte ? Qu'est-ce que nous pouvons garder de nous-mêmes et qu'est-ce qui est à Lui ? Faut-il vraiment tout abandonner ? Si oui, pourquoi ?

MON HISTOIRE DANS L'ARMÉE DE L'AIR

J'avais dix-neuf ans.

Je travaillais dans la salle de courrier d'une société de logiciels. Je n'avais aucune idée de ce que je voulais faire de ma vie, alors j'ai parlé à un recruteur de l'armée de l'air. Une semaine ou deux plus tard, je suis au centre principal de recrutement et d'examen. Il s'agit d'une nuit à l'hôtel et d'une journée de tests physiques, d'entretiens et de je ne sais plus quoi d'autre. Puis le moment arrive. Le contrat est devant moi. En l'espace d'une seconde, j'ai signé les quatre prochaines années de ma vie. En retour, l'Oncle Sam m'a promis de la nourriture, des vêtements, des soins de santé, une éducation, des avantages, une discipline, une direction, etc.

J'ai regardé fixement ce papier. J'étais paralysée par le fait que cela me coûterait encore quatre ans de ma vie. J'ai essayé de calculer le coût. J'ai réagi. Finalement, j'ai décidé que je ne pouvais pas signer. J'ai dit aux recruteurs : "Je suis vraiment, vraiment désolée, mais je ne peux pas faire ça". Ils ont essayé de me faire changer d'avis, mais c'était déjà fait. À contrecœur, ils m'ont donné mon billet de train de banlieue pour rentrer chez moi. J'ai eu l'impression d'avoir échoué dans le train qui me ramenait chez moi. J'ai pleuré et je me suis repassé toute la scène en boucle dans ma tête, me demandant si j'avais vraiment pris la bonne décision.

Avec le recul, je regrette de ne pas être entré dans l'armée de l'air. Quatre ans se seraient écoulés en un clin d'œil. Mais pour mes dix-neuf ans, cela a semblé une éternité. Heureusement, même si je peux le regretter humainement, je peux regarder en arrière et faire confiance à la souveraineté de Dieu sur cette décision. Quelle que soit ma pensée à l'époque, la raison ultime pour laquelle je n'ai pas rejoint l'armée de l'air ce jour-là était que ce n'était pas la volonté du Seigneur pour moi d'entrer dans l'armée. Il avait d'autres projets.

JÉSUS" AMÉRICAIN

Trop souvent, dans le christianisme américain, nous sommes invités à suivre Jésus, et l'offre est adoucie par les mêmes types d'incitations. Dieu prendra soin de nous. Dieu nous donnera la paix. Dieu nous donnera un but. Dieu nous donnera un travail. Certains prédicateurs agissent comme mes recruteurs, présentant tous les avantages, et tout ce que vous avez à faire est de "vous inscrire auprès de Jésus". Pas tous les prédicateurs. Mais une grande partie de ce que l'on fait passer pour du christianisme dans les grandes églises et à la télévision est une sorte de matérialisme de bonimenteur, et souvent ceux qui l'achètent sont des chrétiens professant la foi.

Ils se disent chrétiens, mais ne prient pas, ne lisent pas leur Bible et ne fréquentent probablement pas régulièrement une église locale. Ils ne sont probablement pas soumis à l'autorité de Dieu, à sa Parole et à la direction de leur église locale. Si c'était le cas, ils sauraient mieux éviter de tels enseignements.

Par conséquent, beaucoup de ceux qui viennent à Jésus par l'intermédiaire de ces bonimenteurs et de leurs astuces découvrent après coup que suivre Jésus exige beaucoup plus d'eux que ce qu'on leur avait dit au départ. Et comme les foules qui ont fini par refroidir leur enthousiasme pour Jésus et son ministère terrestre, beaucoup se taisent et s'en vont. Mais ils ne s'éloignent pas vraiment du Jésus de la Bible, car ils ne l'ont jamais connu.

QUE SIGNIFIE SUIVRE JÉSUS ?

Dieu ne veut pas non plus d'une obéissance sans amour de notre part. Ce n'est qu'une religion morte. Les sectes et le catholicisme romain enseignent ce type d'allégeance mécanique. On nous apprend à suivre l'institution comme autorité, et non la Bible. Dieu déteste cela. Il détestait la vaine adoration religieuse d'Israël dans l'Ancien Testament, et Jésus a prêché contre les chefs religieux hypocrites de son époque dans le Nouveau Testament. Le Seigneur a beaucoup à dire sur l'obéissance sans amour.

Dans l'Apocalypse de Jean, à la fin du Nouveau Testament, Jésus, ressuscité et monté sur terre, a adressé de sévères avertissements aux Églises obéissantes mais sans amour. À l'église d'Éphèse, il a dit : "Mais ce que j'ai contre toi, c'est que tu as abandonné ton premier amour" (Apocalypse 2.4). Il a réprimandé l'église de Sardes : "Je sais que tu passes pour être vivant, et tu es mort" (3.1). Il a dit à l'église de Laodicée qu'ils étaient "tiède, et que tu n'es ni froid ni bouillant... misérable, pauvre, aveugle et nu" (3.16,17). Le Seigneur n'a que faire des religions mortes.

Je pense à la déclaration de Marie aux serviteurs lors des noces de Cana, où Jésus a transformé l'eau en vin. Lorsqu'il n'y eut plus de vin pendant la fête, les serviteurs vinrent trouver Marie pour savoir ce qu'il fallait faire. À son tour, elle l'a dit à Jésus. Puis elle dit aux serviteurs : "Sa mère dit aux serviteurs : Faites ce qu'il vous dira" (Jean 2.5). En termes simples, c'est aussi le cœur de ce que c'est que de suivre Jésus : Nous faisons tout ce qu'il nous dit.

Comme d'autres l'ont judicieusement souligné, suivre Jésus, c'est vivre dans le paradoxe. Il s'agit d'un engagement total, mais nous ne pouvons pas le faire par nos propres forces ; nous avons besoin de la puissance de l'Esprit. C'est être complètement libre, mais aussi esclave du Seigneur Jésus. Les disciples de Jésus connaissent la bonté du Maître et ne voudraient pas qu'il en soit autrement.

UN RENIEMENT, UNE CROIX, ET DES PAS À SUIVRE

Je pense à la réprimande de Jésus à Pierre, lorsqu'il s'est tourné vers lui et lui a dit : "Arrière de moi, Satan ! tu m'es en scandale ; car tes pensées ne sont pas les pensées de Dieu, mais celles des hommes" (Matthieu 16.23). Suivre Jésus, c'est avoir à l'esprit les choses de Dieu. Les versets qui suivent la réprimande de Jésus nous aident également à réfléchir à ce que signifie suivre Jésus.

Alors Jésus dit à ses disciples : Si quelqu'un veut venir après moi, qu'il renonce à lui-même, qu'il se charge de sa croix, et qu'il me suive. Car celui qui voudra sauver sa vie la perdra, mais celui qui la perdra à cause de moi la trouvera. (Matthieu 16.24-25)

Ce renoncement à soi ne se fait pas par nos propres forces. Ce n'est pas comme si Jésus disait que nous devions vivre comme des moines, en nous reposant vainement sur des formes extérieures de religion. Nous nous renions nous-mêmes en renonçant à toutes nos ambitions et à tous les biens qui nous sont chers, et même à notre vie. Mais ce n'est pas tout.

Remarquez qu'il y a un point négatif, "renonce à lui-même", mais deux points positifs. Nous ne faisons pas le premier dans le vide. Nous renonçons à nous-mêmes et comblons ce vide en nous chargeant quotidiennement de notre croix, métaphore de la mort à nous-mêmes et à nos désirs. Et nous suivons celui qui a modelé tout cela pour nous lorsqu'il s'est renié lui-même, s'est chargé de sa croix et est mort pour nous.

Dans l'ensemble, Jésus dit que l'attitude de notre cœur devrait dire,

> *Seigneur, humainement parlant, tu sais que je ne veux pas d'une vie difficile. Je ne veux pas être ostracisé pour avoir cru en vous, perdre des amis et des proches. Je ne veux pas avoir à choisir un jour entre mon travail et mon Seigneur. Je ne veux pas non plus renoncer à mes droits, me priver de ce que je veux ; ce n'est pas dans mon caractère naturel. Mais vous êtes Dieu. Tu es mon Dieu. Quoi que tu dises et où que tu me conduises, je te suivrai, que Dieu me vienne en aide.*

L'ÉCOUTER

Un peu plus tard, lors de la Transfiguration, lorsque Jésus révèle sa gloire à trois disciples, nous entendons le Père dire : "Celui-ci est mon Fils bien-aimé, en qui j'ai mis toute mon affection : écoutez-le !" (Matthieu 17.5). Suivre Jésus, c'est démontrer notre amour pour lui en l'écoutant et en obéissant à ses commandements.

SE DISCIPLINER

Ou encore la façon dont Paul parle de la manière dont il s'est discipliné, corps et esprit, pour suivre le Christ.

> *Moi donc, je cours, non pas comme à l'aventure ;*
> *je frappe, non pas comme battant l'air.*

*Mais je traite durement mon corps et je le tiens
assujetti, de peur d'être moi-même rejeté, après
avoir prêché aux autres.*
(1 Corinthiens 9.26-27)

Nous ne faisons pas ces choses pour gagner la
faveur de Dieu ou pour marquer des points auprès de
lui. Nous obéissons parce que nous l'aimons et que
nous avons un nouveau désir de vivre une vie qui lui
est agréable.

Pour un homme, cela peut consister à s'entraîner à
détourner le regard lorsqu'une jolie femme passe ou
qu'une publicité présente un joli mannequin. Tout
homme ou femme qui suit le Christ cherche à obéir
aux principes qu'il a énoncés : "Mais moi, je vous dis
que quiconque regarde une femme pour la convoiter
a déjà commis un adultère avec elle dans son coeur".
(Matthieu 5.28). Pourquoi ? Parce que Jésus est plus
précieux pour eux que l'excitation pécheresse et
fugace d'une pensée lascive.

SE RÉORIENTER

Suivre Jésus, c'est réorienter à chaque instant son esprit et ses affections vers le Christ et sa volonté. Paul l'a
décrite de la manière suivante aux chrétiens de Corin-
the : "nous amenons toute pensée captive à l'obéissance de Christ" (2 Corinthiens 10.5). Là encore, nous
pouvons penser à l'exemple des pensées lubriques,
mais il y a beaucoup d'autres exemples parmi lesquels
nous pouvons choisir : les pensées colériques, les
pensées jalouses, les pensées cupides ou avides, les
pensées égoïstes. . . .

La personne physique n'a pas la capacité de contrôler ces pensées. La personne que le Christ sauve est remplie du Saint-Esprit, a une nouvelle nature et un esprit renouvelé. Il ou elle n'aura pas toujours raison, mais Jésus donne le pouvoir de rendre les pensées captives dans le cadre de son obéissance.

Elle lutte contre notre nature humaine—ce que la Bible appelle notre "chair" ou "vieil homme". Lorsque quelqu'un me coupe la route, je veux me venger d'une manière ou d'une autre. Lorsque quelqu'un me fait du mal, j'ai envie de lui rendre la pareille et de le blesser à mon tour. Lorsqu'une image apparaît à l'écran et que Dieu nous dit de ne pas la regarder, notre comportement naturel est de continuer à la regarder.

Ou peut-être est-ce quelque chose d'aussi simple que je ne veux pas laver la vaisselle sale qui se trouve dans l'évier. Je ne veux pas sortir les poubelles qui débordent et qui ont besoin d'être sorties. Si je le laisse suffisamment longtemps, ma femme le fera.

Le vrai chrétien n'est pas un chrétien parfait. Pas encore, en tout cas. Il ou elle échoue tous les jours. Un vrai chrétien pèche encore, mais il en est affligé. Cette personne se repent et demande le pardon du Seigneur, qui lui est accordé pour l'amour du Christ et en raison de son sang versé. Puis il se relève, avec une force renouvelée par l'Esprit, et va de l'avant. Il continue à avancer dans la foi et l'obéissance, jour après jour, année après année, jusqu'à ce que le Seigneur l'appelle à la maison.

Suivre Jésus est motivé par l'amour, ce qui va à l'encontre de tout ce que nous voulons naturellement être et faire. Nous l'aimons, dit la Bible, parce qu'il nous a aimés le premier (1 Jean 4.19). C'est la dévotion. C'est une loyauté sans compromis. Il s'agit d'ordres à faire, mais aussi d'ordres à ne pas faire. Il s'agit toujours de se demander *Quelle action ou réaction serait la plus agréable à mon Seigneur dans cette situation* ? C'est s'humilier comme un enfant et pourtant se tenir debout, se battre comme un soldat engagé dans le combat spirituel (Marc 10.15 ; Éphésiens 6.10-20).

En fin de compte, suivre Jésus affecte tous les domaines de notre vie. Jésus devient le Seigneur (Maître) de notre temps, de notre argent, de la manière dont nous travaillons, dont nous traitons les autres, dont nous réagissons lorsque nous sommes maltraités. . . . La devise du chrétien est, en substance, la suivante,

Dans tous les domaines de la vie, grands ou petits,
Jésus-Christ est le Seigneur de tous.

Ce qui m'a motivé à bien faire mon
travail, c'est le nouveau cœur que
Dieu a mis en moi. Je savais que Dieu
attendait de moi que je sois fidèle dans
mon travail et que je le fasse comme si
je le faisais pour Lui.

Je vais vous donner un petit exemple de la façon dont cela se passe au travail. J'ai eu des emplois où il y avait des concours. Il peut s'agir de concours pour savoir qui a vendu le plus, qui a fermé le plus de billets, qui a traité le plus de commandes de clients. . . vous voyez l'idée. Comme je faisais partie de l'équipe, je participais automatiquement à ce genre de concours. Honnêtement, je ne pouvais pas les supporter ; je n'ai jamais été une personne compétitive. Les concours étaient censés nous motiver, mais ils ne m'ont jamais motivé.

Ce qui m'a motivé à bien faire mon travail, c'est le nouveau cœur que Dieu a mis en moi. La façon dont je faisais mon travail était pour être un témoin pour Lui, tout comme dans les premiers temps du christianisme, les esclaves qui étaient chrétiens étaient vendus à des prix plus élevés parce qu'ils étaient plus appréciés en tant qu'esclaves meilleurs et plus fidèles. Je savais que Dieu attendait de moi que je sois fidèle dans mon travail et que je le fasse comme si je le faisais pour Lui (Colossiens 3.23). Je n'avais pas besoin d'un concours, j'avais besoin d'être un témoin et un ambassadeur de mon Seigneur.

Suivre Jésus affecte nos relations et la manière dont nous prenons soin de ces personnes, ce que nous regardons, ce que nous lisons, ce que nous écoutons, la manière dont nous dépensons notre argent et notre temps. . . tout. Suivre Jésus signifie que chaque domaine de notre vie est placé sous sa seigneurie.

DERNIÈRES RÉFLEXIONS SUR CE QUE SIGNIFIE SUIVRE JÉSUS

SUIVRE JÉSUS EST NOTRE PLUS GRAND DEVOIR

Nous pensons tous à nos devoirs envers notre prochain. Nous savons tous, du moins en principe, qu'être membre de la société implique certains devoirs civiques. Nous avons le devoir d'obéir aux lois du pays—le devoir de travailler dans la mesure de nos possibilités et de ne pas être une charge indue pour qui que ce soit ; le devoir de respecter les autres, etc. Pourtant, nous pensons rarement à notre devoir envers le Dieu qui nous a créés.

L'apôtre Paul écrit dans Romains 12 :

Je vous exhorte donc, frères, par les compassions de Dieu, à offrir vos corps comme un sacrifice vivant, saint, agréable à Dieu, ce qui sera de votre part un culte raisonnable.
(Romains 12.1, accentuation ajoutée)

Dans mon anglais natif, cette expression, "culte raisonnable", est traduite ailleurs par "votre culte véritable et approprié" (NIV) ou "service raisonnable" (KJV). En tant qu'êtres humains, créatures créées par Dieu et à son image, il est de notre devoir de l'aimer, de l'honorer et de le servir. Pris ensemble, ces mots sont souvent résumés dans la Bible par l'expression "craindre" Dieu.

Le devoir suprême de tout être humain est de suivre le Christ. Pourquoi ? Parce qu'il est Dieu et que nous ne le sommes pas. Il est digne. Il l'ordonne également et le fait pour notre bien.

VOUS VOULEZ ÊTRE "ÉGOÏSTE" ? SUIVRE JÉSUS

Mais aussi, devenez chrétien pour votre bien présent et éternel. Pensez-y : Supposons qu'une personne ne s'aime que pour elle-même. Supposons qu'il ou elle ne vive que pour lui-même ou elle-même, et que sa seule préoccupation dans la vie soit. *Qu'est-ce qui est le mieux pour moi ?* Si c'est la motivation principale de notre vie, alors l'ironie est que nous devrions absolument devenir chrétiens puisque le plus grand bien que nous pourrions faire pour nous-mêmes serait de nous rendre et de suivre le Christ, parce que c'est le vrai moyen d'être heureux et béni dans cette vie et dans la vie à venir.

Mais il s'agit aussi d'amour et de gratitude. Encore une fois, il ne s'agit pas d'essayer de gagner la faveur de Dieu ou de gagner le salut. De toute façon, aucun d'entre nous ne peut le faire. C'est plutôt par amour et gratitude pour ce qu'il nous a déjà donné gratuitement et ce que nous avons reçu gratuitement en Christ au moment du salut. Permettez-moi d'illustrer mon propos.

DIEU A-T-IL PAYÉ VOTRE DÉJEUNER OU VOUS A-T-IL EMPÊCHÉ DE VOUS ÉTOUFFER ?

C'est une illustration que j'ai souvent utilisée lorsque j'essaie d'expliquer aux gens la différence entre le christianisme culturel américain et le christianisme biblique authentique. Je demande aux gens : *Dieu vous a-t-il payé le déjeuner ou vous a-t-il sauvé de l'étouffement ?* Car bien souvent, nous traitons Dieu comme s'il avait simplement réglé l'addition au déjeuner, alors qu'il a fait infiniment plus.

> *Je n'oublierai jamais comment vous m'avez sauvé la vie et vous pouvez être sûrs que je voudrais le dire à tout le monde !*

Ce que je veux dire, c'est que si vous m'offrez un

déjeuner, je vous dirai : "Merci beaucoup. J'ai vraiment apprécié cette période. Merci d'avoir pris l'addition." Et je continuerais mon petit bonhomme de chemin. Je pourrais dire à quelqu'un, à ma femme, "Oh, j'ai déjeuné avec untel et untel aujourd'hui et ils étaient sympas. Ils ont payé mon déjeuner". Mais je ne me mettrais certainement pas à vos pieds pour vous déclarer mon allégeance éternelle parce que vous avez payé mon déjeuner. En fait, ce serait de la folie. Après tout, ce n'était que le déjeuner.

Mais supposons qu'au cours du déjeuner, je commence à m'étouffer. Je ne peux pas respirer et je suis en train de mourir. Soudain, vous arrivez, vous me faites la manœuvre de Heimlich et vous me sauvez la vie. Je n'oublierai jamais comment vous m'avez sauvé la vie et vous pouvez être sûrs que je voudrais le dire à tout le monde !

Je vais aussi vivre ma vie dans la gratitude totale pour ce que tu as fait pour moi. Je vous dois la vie. D'une certaine manière, je me sentirai toujours redevable d'une dette de gratitude. Ce n'est pas une dette que j'essaie de vous rembourser, mais une dette de désir, une dette pour vous exprimer ma grande reconnaissance pour ce que vous avez fait. À une échelle infiniment plus grande, c'est ce genre d'amour et de gratitude qui nous motive, ou *devrait* nous motiver, à suivre Jésus.

Suivre Jésus en vaut-il la peine ?

La dernière chose que je voudrais mentionner, et la question que vous devriez vous poser, est la suivante : le jeu en vaut-il la chandelle ? Cela en vaut-il la peine ?

MILLE FOIS "OUI"!

Revenons à mon histoire avec l'armée de l'air. Finalement, à ce moment de ma vie, j'ai décidé que cela n'en valait pas la peine. Cela ne valait pas la peine de renoncer à quatre ans de ma vie pour tous ces avantages de l'armée de l'air. Est-ce que je le regrette maintenant ? Oui. Cela n'aurait pas été un sacrifice aussi important que je l'imaginais.

Qu'en est-il du fait de suivre Jésus ? En vaut-il la peine ? C'est un choix que nous devons tous évaluer pour nous-mêmes. Jésus a dit que toute personne qui envisage de le suivre doit en calculer le coût (Luc 14.25-33).

Ma réponse est mille fois *Oui !* Je suis le Seigneur depuis plus de quinze ans. Avant cela, j'étais un faux converti. J'avais surtout le genre de christianisme culturel américain qui traite Dieu comme s'il avait acheté mon déjeuner. J'ai vécu ainsi pendant vingt ans avant que Dieu ne me sauve.

Depuis près de vingt ans que je vis en tant que chrétien sauvé par la seule grâce de Dieu en Jésus, j'ai connu des moments difficiles, sans aucun doute. J'ai été testé, éprouvé et tenté de bien des manières. J'ai connu des joies qui me donnaient l'impression de pouvoir jeter un coup d'œil au paradis et j'ai connu de sombres chagrins qui m'ont plongé dans la dépression et le désespoir. Il m'est arrivé de crier comme le psalmiste : "Combien de temps, Seigneur ?".

Mais ma réponse est mille fois *oui*. Et je ne suis pas la seule. Depuis deux mille ans, des personnes ont tout abandonné pour suivre Jésus. Certains ont tout perdu, jusqu'à la vie elle-même. Et pourtant, ils ont suivi Jésus avec conviction et avec joie.

SUIVEZ-VOUS JÉSUS ?

Qu'est-ce qui dure dans ce monde ? Plaisir ? Non. La richesse ? Non. Postes et succès ? Non. Si nous nous arrêtons vraiment pour réfléchir à qui est Jésus et à ce qu'il a fait pour sauver les pécheurs, il n'y a pas d'autre voie dans cette vie qui ait un sens. Il n'y a rien qui vaille la peine de s'y accrocher quand on peut avoir Jésus.

JÉSUS PLUS RIEN

Nous avons parlé tout à l'heure de nos motivations dans la vie : *Pourquoi vivons-nous ?* En examinant cette question, nous devons également vérifier les raisons qui nous poussent à venir à Jésus.

Vous avez entendu le vieil adage : "Ce n'est pas ce que vous savez, c'est qui vous connaissez". Tout au long de ma vie et de ma carrière, j'ai entendu parler de l'importance de travailler en réseau avec d'autres personnes. Lorsque je travaillais à mon compte, j'assistais à des événements de mise en réseau d'entreprises où l'intérêt de rencontrer d'autres personnes était de se recommander mutuellement des clients potentiels. Je connaissais peut-être quelqu'un qui avait besoin d'un bon électricien et j'ai transmis son nom à Jim l'électricien. Jim connaissait peut-être quelqu'un qui cherchait à acheter ou à vendre un bien immobilier. Nous travaillions tous en réseau dans l'espoir de développer nos entreprises par le biais de relations.

Il est toujours bon de nouer des relations et d'aider les autres. Mais la tentation est grande. Nous pouvons être tentés de poursuivre une relation avec quelqu'un uniquement sur la base de ce que nous pensons pouvoir *obtenir de cette personne*. En d'autres termes, certaines personnes recherchent simplement un repas gratuit. Souvent, lors de ces événements de réseautage, quelqu'un était tout sourire et me serrait la main parce qu'il pensait que je pouvais être une source lucrative de recommandations commerciales, mais lorsqu'il se rendait compte que je n'avais aucune perspective commerciale pour lui, il devenait glacial et passait à quelqu'un d'autre.

Jésus connaissait bien ce genre de personnes. Il les a rencontrés en son temps. Dans l'Évangile de Jean, au chapitre 6, nous lisons que Jésus a miraculeusement nourri les 5 000 personnes venues l'écouter prêcher au bord de la mer de Galilée. (Soit dit en passant, il n'a compté que les hommes ; avec les femmes et les enfants, c'était probablement deux ou trois fois plus, voire plus). Le lendemain, après que Jésus a traversé la nuit précédente l'autre rive de la mer de Galilée, la même foule fait le tour du lac et le cherche à nouveau. Cela semble flatteur, mais Jésus était conscient de la véritable motivation de la foule.

Jésus leur répondit : En vérité, en vérité, je vous le dis, vous me cherchez, non parce que vous avez vu des miracles, mais parce que vous avez mangé des pains et que vous avez été rassasiés. (Jean 6.26)

Ils ont même parlé de religion pour essayer de manipuler Jésus afin qu'il leur donne ce qu'ils voulaient.

Sans se décourager, ils ont fait de leur mieux pour obtenir un autre repas gratuit de Jésus. Ils ont même parlé de religion dans l'espoir de manipuler Jésus pour qu'il leur donne ce qu'ils voulaient. *Rabbi*, disaient-ils, *Moïse a donné à nos ancêtres du pain venu du ciel* (Je paraphrase ici.)

Jésus ne l'entendait pas de cette oreille. Au contraire, il leur a dit qu'il était lui-même le pain de vie. S'ils voulaient plus de pain à manger, il était le vrai pain descendu du ciel.

Il leur a dit de cesser de faire du pain de ce monde—le pain qui périt—leur priorité. Au contraire, ils devaient venir à lui en tant que véritable pain nourrissant qui donne la vie éternelle. Ses paroles étaient choquantes dans leur description de l'engagement total :

> Jésus leur dit : En vérité, en vérité, je vous le dis, si vous ne mangez la chair du Fils de l'homme, et si vous ne buvez son sang, vous n'avez point la vie en vous-mêmes. Celui qui mange ma chair et qui boit mon sang a la vie éternelle ; et je le ressusciterai au dernier jour. Car ma chair est vraiment une nourriture, et mon sang est vraiment un breuvage. Celui qui mange ma chair et qui boit mon sang demeure en moi, et je demeure en lui.
> (Jean 6.53-56)

Finalement, lorsqu'ils ont réalisé qu'ils ne pouvaient pas manipuler Jésus pour obtenir plus de choses gratuites, ils sont passés à autre chose. D'abord, ils se sont plaints de lui (verset 41). Puis ils se disputèrent à son sujet (verset 52). Finalement, ils l'ont quitté, "Dès ce moment, plusieurs de ses disciples se retirèrent, et ils n'allaient plus avec lui" (Jean 6.66).

Certaines choses ne changent pas, n'est-ce pas ? Beaucoup de gens viennent encore à Jésus parce qu'il leur a offert un repas gratuit.

Ces personnes sont celles qui se sont trouvées

dans une situation difficile, une crise de la vie. Ils avaient désespérément besoin d'aide et sont donc allés à l'église. Peut-être ont-ils vécu une expérience religieuse, pleurant et louant Dieu pendant le service. Ou peut-être ont-ils reçu un coup de pouce du fonds de bienfaisance d'une église alors qu'ils étaient complètement fauchés. Quoi qu'il en soit, lorsque leur situation a changé et qu'ils se sont sortis du pétrin dans lequel ils se trouvaient, ils sont retournés à leur ancienne vie.

Ces personnes ont compris que Jésus pouvait les aider, et elles pensent avoir trouvé un ticket à vie pour le Gravy Train Express. Certains pensent que s'ils parlent suffisamment bien de religion, ils gagneront Jésus à leur cause et obtiendront plus de choses de sa part. Après tout, ce *n'est pas ce que vous savez, mais qui vous connaissez,* n'est-ce pas ? Et de toutes les personnes avec lesquelles vous pouvez travailler en réseau pour "développer votre activité" ou obtenir quelque chose, qui de mieux que Jésus ? C'est une logique terrible, mais c'est la nature humaine. Je sais qu'il m'est arrivé de penser de la sorte.

Je vais vous parler d'une femme que j'appellerai "Lori". Lorsque nous vivions à Louisville, Lori est venue dans notre petite église située dans l'un des quartiers les plus pauvres de la ville (juste en face du célèbre Churchill Downs, où se déroule le Kentucky Derby). Lori lui a rendu visite à plusieurs reprises et il était évident qu'elle avait de réels besoins physiques. En tant qu'église, nous nous sommes mobilisés autour d'elle et l'avons aidée autant que nous le pouvions.

Un mercredi soir, elle a demandé à notre pasteur et à sa femme de la raccompagner, ce qu'ils ont fait avec plaisir. Elle voulait qu'on l'emmène au magasin d'alcools. Avant qu'elle ne monte dans la voiture, notre pasteur lui a expliqué que, par principe, il ne pouvait pas l'emmener dans un magasin d'alcool. Elle a argumenté, mais il est resté ferme sur la question. Il la déposerait n'importe où ailleurs, mais pas au magasin d'alcools. Elle insiste. Lui aussi. Lorsqu'elle a compris qu'elle n'obtiendrait pas ce qu'elle voulait, elle s'est mise en colère—la colère du Kentucky. Elle s'est mise à crier et à le maudire, et à maudire l'église. Notre pasteur et sa femme l'ont déposée ailleurs, mais elle n'est jamais revenue à l'église après cela.

Vous pourriez dire : "Je ne ferais jamais ça !". Mais n'est-ce pas le même raisonnement, la même attitude du cœur, des personnes qui ne vont à l'église qu'à Noël ou à Pâques, voire pas du tout ? Ou des gens qui vont régulièrement à l'église, lisent leur Bible, mais lorsque les tempêtes de la vie arrivent, ils sont totalement choqués et pris au dépourvu parce que le "Jésus" qu'ils vénéraient était censé ne leur donner que de bonnes choses dans la vie.

Connaître des faits sur Jésus ne sauve pas une personne, c'est la foi authentique en lui qui le fait.

Le problème ne réside pas dans ce vieux cliché de la mise en réseau. Le problème se situe au niveau de nos cœurs égoïstes, insincères et idolâtres.

CE N'EST PAS CE QUE VOUS SAVEZ...

Ce qu'une personne sait de Jésus ne lui permettra pas

d'entrer au paradis. Jésus dit à la foule : "La volonté de mon Père, c'est que quiconque voit le Fils et croit en lui ait la vie éternelle ; et je le ressusciterai au dernier jour" (Jean 6.40). Connaître des faits sur Jésus ne sauve pas une personne, c'est la foi authentique en lui qui le fait.

Ce n'est pas une foi qui se tourne vers Jésus pour obtenir un repas gratuit dans cette vie ou un billet gratuit pour le paradis dans la prochaine. Plus tôt dans son Évangile, Jean rapporte que Jésus dit à la femme du puits : "Dieu est Esprit, et il faut que ceux qui l'adorent l'adorent en esprit et en vérité" (Jean 4.24). Nous devons venir à Jésus sans aucun faux-semblant.

Toute personne qui désire être sauvée
doit venir à Jésus pour Jésus.
Jésus plus rien.

Toute personne qui désire être sauvée doit venir à Jésus pour Jésus. Jésus plus rien. Pas de repas gratuit à base de pains et de poissons, pas de promesses de santé et de prospérité de la part de l'homme (ou de la femme) qui passe à la télévision. Vous devez venir à lui parce que vous voyez que Dieu est saint et que vous ne l'êtes pas. Parce que vous êtes convaincu par l'Ecriture que Dieu est votre juge et que vous êtes condamné, un pécheur coupable d'avoir enfreint la loi de Dieu tout au long de votre vie. Conscient de votre condition désespérée, vous voyez que vous avez besoin de miséricorde, de pardon et de vie, et que Dieu est le seul à pouvoir vous les donner. C'est pourquoi vous venez humblement. Sincèrement. Dans la foi, en croyant que Jésus seul peut vous sauver.

Jésus plus rien

Tu viens comme le larron mourant sur la croix, qui a changé d'avis sur Jésus. Il n'a pas demandé à Jésus de le sauver de son exécution, ni même de l'emmener au paradis lorsqu'ils mourront tous les deux dans peu de temps. Mais il s'est tourné vers Jésus dans la foi et a ainsi obtenu la vie éternelle à l'heure même.

Tout au long de ce livre, j'ai voulu affirmer que *Jésus a tout changé et que, par conséquent, Jésus change tout* lorsque nous le suivons. Mais il est également vrai que *Jésus vous coûtera tout.*

Nous venons à Jésus pour la vie, la vie éternelle, et bien que le salut soit entièrement un don gratuit de Dieu (Ephésiens 2.8-9), il nous coûte de lui livrer notre vie (Romains 12.1). Il est logique que nous, qui acceptons l'offre gracieuse de salut de Dieu, au prix du sang de Jésus, déposions ensuite nos vies à ses pieds, en tant que ses serviteurs reconnaissants.

Peut-être êtes-vous en train de lire ceci et de penser,

Je comprends, en quelque sorte. Je comprends que Dieu est saint et que je suis un pécheur, et que seul Jésus peut me sauver parce qu'il est mort pour moi sur la croix. Je le crois, mais je ne suis pas sûr de certains détails. Avant d'aller plus loin, où puis-je m'adresser ?

Permettez-moi d'en citer quelques-uns :

Priez. Jésus se réjouit de bénir les gens avec de bonnes choses. Il s'agit parfois de choses matérielles, comme un meilleur emploi, mais il se plaît aussi à les bénir avec des choses spirituelles. Demandez-lui de vous guider et de vous donner la foi pour croire.

La parole de Dieu. Le Nouveau Testament constitue un

excellent point de départ. Vous pouvez commencer par l'Évangile de Matthieu, le premier livre du Nouveau Testament. Priez et demandez au Seigneur d'ouvrir vos yeux et de vous donner de la compréhension pendant que vous lisez. Il le fera. Si vous n'avez pas de Bible à la maison, lisez-la sur Internet, achetez-en une dans un magasin d'occasion ou demandez autour de vous. Le Seigneur veillera à ce que vous en obteniez un.

ÉGLISE. Recherchez une église qui enseigne la Bible dans votre région. Encore une fois, si vous n'êtes pas sûr, demandez au Seigneur de vous guider. Écoutez le pasteur lire et expliquer la Bible en toute clarté. De plus, si vous leur demandez, ils devraient être heureux de vous donner une Bible si vous n'en avez pas.

Si je peux vous aider, visitez GraceandPeaceRadio. com. Je n'ai pas toutes les réponses, mais ce *n'est pas ce que vous savez, c'est qui vous connaissez,* et je connais celui qui a toutes les réponses.

Jésus plus rien

LE ROI VOUS APPELLE

Tournez-vous vers moi, et vous serez sauvés, Vous
tous qui êtes aux extrémités de la terre ! Car je suis
Dieu, et il n'y en a point d'autre.
(Ésaïe 45.22)

Jusqu'à ce que le coronavirus frappe au début de
l'année 2020, je faisais partie de la rotation des
prédications du ministère de notre église dans un
établissement de soins et de réadaptation situé à prox-
imité. Toutes les six semaines, ma femme et moi nous
y rendions le dimanche matin afin de diriger un petit
service religieux pour les résidents. Un autre couple
de notre église se joignait généralement à nous pour
chanter des hymnes et jouer du piano. C'est une chose
puissante que de voir un petit groupe de personnes
aux capacités cognitives si limitées s'animer avec joie
pour chanter les hymnes qu'elles ont chantés toute
leur vie.

En général, seule une douzaine de résidents se
trouvent dans la salle communautaire principale.
La plupart étaient âgés, mais pas tous. Certains
étaient mentalement diminués. Certains étaient
physiquement diminués, mais avaient toujours une
lueur dans les yeux. D'autres étaient présents en esprit
mais dormaient profondément. On ne savait jamais
vraiment qui écoutait et qui n'écoutait pas, mais cela
n'avait pas beaucoup d'importance de toute façon. Il
s'agissait de les servir avec des chants, avec la touche
personnelle de douces poignées de main, et avec un

court sermon biblique ou une dévotion. Lors d'une visite, ma femme et moi sommes arrivés en avance. Le directeur des activités du week-end, Tom, lisait les titres de la matinée en y ajoutant ses propres remarques et commentaires amusants. Je me souviens que lorsque Tom a eu terminé et que je me suis dirigé vers l'avant de la salle pour commencer notre service religieux, j'ai dit : "Vous avez entendu les nouvelles actuelles. Maintenant, vous allez entendre la Bonne Nouvelle".

Nous avons commencé le service en chantant le vieil hymne, Jésus Sauve, qui est évidemment un chant sur le fait d'être sauvé et d'avoir ses péchés pardonnés. Lorsque cela se produit, nous avons une vie nouvelle en Christ, l'ancien est passé, toutes choses deviennent nouvelles (2 Corinthiens 5.17). Nous sommes lavés. Nous sommes purifiés. Nous sommes nés de nouveau (Jean 3.3).

Et à partir de ce moment-là, dans la vie de chaque croyant, nous avons l'*Assurance bénie*, qui est le chant suivant que nous avons chanté ce matin-là. C'est vraiment une assurance bénie que d'expérimenter les joies du salut : les péchés pardonnés, la paix avec Dieu et l'espérance certaine de la vie éternelle. Cette "assurance bénie" est vraiment une bonne nouvelle.

Ce matin-là, j'ai partagé avec eux un sermon tiré d'un seul verset de la Bible. J'aimerais partager ce message avec vous. Il s'agit d'un message basé sur un verset du prophète Isaïe. Il s'agit d'Isaïe 45.22. C'est Dieu qui parle et c'est ce qu'il dit,

"Tournez-vous vers moi, et vous serez sauvés,
Vous tous qui êtes aux extrémités de la terre !
Car je suis Dieu, et il n'y en a point d'autre."

Comme c'est souvent le cas avec la Parole de Dieu, nous avons un petit verset, mais il est vraiment rempli de choses à voir. Ce verset contient la bonne nouvelle du salut. Si vous êtes chrétien aujourd'hui, vous ne vous éloignez jamais vraiment des vérités fondamentales du salut par Jésus-Christ. Nous mûrissons en Christ, nous grandissons dans notre foi, mais nous ne quittons jamais le fondement du message de l'Évangile, la Bonne Nouvelle du salut par la grâce seule, par le Christ seul, par la foi seule.

TOURNER

La première chose que nous voyons dans ce verset est le mot "tourner". Dieu dit : "Tournez-vous vers moi, et vous serez sauvés." Tout d'abord, posons la question suivante : quel est le public ? À qui Dieu adresse-t-il cette parole ? Il dit "Vous tous qui êtes aux extrémités de la terre ". Cela s'applique donc à chacun d'entre nous. Le premier mot que nous voyons est "tourner" et nous savons que Dieu l'a voulu pour nous aussi.

Ce mot, "tourner", signifie que nous allons tous dans une certaine direction, n'est-ce pas ? Vous ne diriez pas à quelqu'un de tourner s'il n'allait pas dans une certaine direction. Dieu dit que dans la vie, nous allons tous dans une certaine direction. Certains accèdent à la grandeur. Ce matin-là, les journaux ont parlé de Jeff Bezos, le fondateur d'Amazon et l'homme le plus riche du monde. Il a certainement pris une certaine direction, n'est-ce pas ? Passer d'un homme ordinaire, comme vous ou moi, à l'homme le plus riche du monde. C'est l'histoire d'un homme qui est devenu riche comme un sou neuf.

Certaines personnes optent pour l'anonymat. Ils passent de la richesse aux haillons.

Une chose est sûre : nous nous dirigeons tous dans une certaine direction et Dieu nous dit : "Tourne". Et il y a une direction universelle que nous devons tous suivre et que nous suivrons tous. Bien sûr, je parle de la fin de notre vie, de notre mort. Normalement, nous n'aimons pas penser à cela. Nous sommes tous confrontés à l'éternité ; nous nous dirigeons tous vers l'éternité un jour.

Dieu dit : "Et comme il est réservé aux hommes de mourir une seul fois, après quoi vient le jugement" (Hébreux 9.27). Quelle est la direction à prendre aujourd'hui ? C'est la première question que nous pouvons nous poser en lisant le texte. Dans quelle direction suis-je orienté ?

POUR MOI

Le fait même que Dieu ait dit "Tourne" indique que nous n'allions pas dans la direction que Dieu commande et veut que nous allions. Dire à quelqu'un : "Hé ! S'éloigner de ça, faire demi-tour", c'est dire que la personne ne va pas dans la direction qu'elle devrait prendre.

Alors, dans quelle direction devrions-nous aller ?

Dieu dit ensuite : "Tournez-vous vers moi. . .". Au fur et à mesure que Dieu se révèle à travers les pages de la Bible, il nous indique la direction que nous prenons par nature, sans le Christ. Dieu dit : "Tournez-vous vers moi", parce qu'Israël avait pris la direction opposée, poursuivant d'autres dieux et le péché. Il en va de même pour toute la race humaine depuis qu'Adam et Ève ont désobéi à Dieu dans le jardin et ont introduit le péché dans le monde. Une génération après l'autre après l'autre, chacun suivant sa propre voie en dehors de Dieu. Et nous aussi. C'est pourquoi Éphésiens 2.3 dit que "nous étions par nature des enfants de colère". Nous sommes tous des "enfants de colère", des ennemis de Dieu et de sa sainteté, à moins et jusqu'à ce qu'il nous sauve.

ET ÊTRE SAUVÉ

Nous avons besoin d'être sauvés. Romains 3.23 dit : "Car tous ont péché et sont privés de la gloire de Dieu". L'histoire de l'ancien Israël, à l'époque des Juges, est décrite comme une période où "Chacun faisait ce qui lui semblait bon" (Juges 21.25). À bien des égards, la situation n'était pas très différente de celle d'aujourd'hui.

Et nous disons : "Eh bien, c'est un peu dur, n'est-ce pas ?" Nous protestons : "Je ne veux pas être considéré en ces termes". Dieu nous montre notre vraie condition pour pouvoir nous montrer le vrai remède.

La même parole d'avertissement de Dieu lui-même, ici dans Isaïe, s'applique aujourd'hui à chacun d'entre nous : "Tournez-vous vers moi, et vous serez sauvés. . .". Parce que la direction dans laquelle nous allons naturellement, c'est-à-dire par notre propre inclination, est la direction de la destruction. Mais Dieu, son amour et sa bonté nous offrent la possibilité de nous retourner.

Dieu nous dit la même chose lorsqu'il nous dit la vérité sur notre moi naturel. Alors, Dieu dit : "Tournez-vous vers moi, et vous serez sauvés, Vous tous qui êtes aux extrémités de la terre !" Le fait que Dieu dise "tournez-vous vers moi et soyez sauvés" indique que Dieu dit que nous avons besoin d'un sauveur. Nous avons besoin de quelqu'un pour nous sauver. En dehors du Christ, nous nous trouvons dans une situation où nous sommes morts, spirituellement morts dans nos péchés (Romains 6.23 ; Éphésiens 2.1,5 ; Colossiens 2.13). La Bible dit que nous sommes morts dans notre péché, sans espoir. Dieu, dans sa bonté, est ce Sauveur.

Comme nous l'avons déjà vu, notre destination est proche. La Bible dit qu'il y a une direction, "Telle voie paraît droite à un homme, Mais son issue, c'est la voie de la mort" (Proverbes 14.12). Il ne s'agit pas seulement de la mort physique, mais aussi de la mort spirituelle. Pourtant, Dieu dit : "Tournez-vous vers moi, et vous serez sauvés. . .". Dieu dit : "Il n'y a de salut en aucun autre ; car il n'y a sous le ciel aucun autre nom qui ait été donné parmi les hommes, par lequel nous devions être sauvés" (Actes 4.12).

Pensez-y : Si vous vous noyez dans l'océan et que vous avez besoin d'une bouée de sauvetage, et qu'au lieu de vous lancer une bouée de sauvetage, je vous lance un bloc de ciment au bout de la corde, cela ne vous aidera pas. Si vous vous noyez et que je vous lance une raquette de tennis, cela ne vous aidera pas. Si je vous lance un morceau de bois, cela ne vous aidera pas beaucoup. Le fait est que nous nous accrochons tous, à un moment ou à un autre de notre vie, à des choses qui ne nous aident pas. Ces choses ne sont pas des sauveurs.

Nous nous accrochons à des choses comme la richesse ou nous nous accrochons à notre orgueil, à nos propres efforts, et nous essayons de nous sauver.

"Je suis trop fière. Je vais me sortir de mes problèmes". Nous disons : "Je vais trouver comment sortir de cette mer qui me noie". Nous nous tournons vers de fausses religions. Ce matin-là, j'ai remarqué sur le calendrier des activités de la maison de retraite qu'une secte religieuse venait tous les mercredis enseigner sa fausse religion. Ils ont probablement frappé à votre porte. Vous avez peut-être pris leur documentation. Ce n'est pas ce que vous voulez. Leurs enseignements sont des mensonges. Ils ne sont qu'un bloc de ciment qui ne vous sauvera pas de la noyade dans votre péché.

TOUTES LES EXTRÉMITÉS DE LA TERRE

Dieu dit qu'il n'y a qu'un seul moyen de nous sauver de notre péril. Le seul moyen d'échapper à notre danger est "Tournez-vous vers moi, et vous serez sauvés."

Quelle offre miséricordieuse de la part de Dieu ! Il ne veut pas nous laisser là où nous sommes. Il appelle "Vous tous qui êtes aux extrémités de la terre."

Il s'agit d'une invitation ouverte à tous. Pour les riches. Pour les pauvres. Jeff Bezos peut être sauvé. Il peut garder sa richesse ; Dieu lui permettra de rester riche. Il peut être sauvé. Les pauvres peuvent être sauvés. Les jeunes peuvent être sauvés. Les anciens peuvent être sauvés. Les personnes en bonne santé peuvent être sauvées. Les malades peuvent être sauvés. Le noir peut être sauvé. Le blanc peut être sauvé. L'Asie peut être sauvée. Peu importe qui nous sommes. Un meurtrier peut être sauvé. Un adultère. Peu importe les péchés que nous avons commis dans notre vie. Un voleur peut être sauvé.

Ou peut-être avons-nous mené une vie morale et n'avons-nous jamais eu de problèmes avec la loi. Cela ne veut pas dire que nous sommes tous innocents devant Dieu. Jugez-vous à l'aune des dix commandements. Voyez votre culpabilité. Si nous avons enfreint un commandement (et nous l'avons tous fait), la Bible dit que nous sommes coupables de les avoir tous enfreints. Et Dieu est saint. Il est si saint et si juste que si nous ne violions qu'un seul commandement—un seul péché dans toute notre vie—nous serions toujours coupables devant un Dieu si saint et mériterions l'éternité en enfer pour notre offense et notre rébellion à l'égard de sa loi.

Peu importe qui nous sommes. Un meurtrier peut être sauvé. Un adultère. Peu importe les péchés que nous avons commis dans notre vie. Un voleur peut être sauvé.

Mais nous pouvons être sauvés. C'est une invitation pour toute la terre. Dieu dit : "Venez et plaidons ! dit l'Éternel. Si vos péchés sont comme le cramoisi, ils deviendront blancs comme la neige ; S'ils sont rouges comme la pourpre, ils deviendront comme la laine" (Ésaïe 1.18).

Dieu nous conseille, bien que nous soyons malheureux, pauvres, aveugles, misérables et nus. Il dit : "Vous tous qui avez soif, venez aux eaux, Même celui qui n'a pas d'argent ! Venez, achetez et mangez, Venez, achetez du vin et du lait, sans argent, sans rien payer !" (Ésaïe 55.1 ; Apocalypse 3.18). C'est le genre de Dieu généreux que nous avons.

CAR JE SUIS DIEU, ET IL N'Y EN A PAS D'AUTRE

Encore une fois, que dit Dieu dans ce verset ? Il dit : "Tournez-vous vers moi, et vous serez sauvés, Vous tous qui êtes aux extrémités de la terre !" Qui ? Tout le monde. Comment ? Qu'est-ce qu'il dit ensuite ? "Car je suis Dieu, et il n'y en a point d'autre." Jésus a dit : "Je suis le chemin, la vérité, et la vie. Nul ne vient au Père que par moi." (Jean 14.6). Jésus-Christ est suprême. Il est souverain. Il est Seigneur, Il est Maître. Il est le chef. Il est roi. Il est Dieu. Il est notre Créateur. Il est notre juge. Cela devrait nous terrifier.

Mais si nous nous adressons à lui pour obtenir la miséricorde, c'est lui qui pardonne nos péchés parce qu'il a versé son propre sang sur la croix, pour les expier, pour prendre toute la colère du Père qui nous est due. Jésus a tout pris sur lui. C'est un acte de bonté, de miséricorde et de générosité.

Et pourtant, combien de fois ignorons-nous son grand sacrifice ? Combien de fois nous la méprisons et disons : "Je ne m'en soucie pas vraiment ; je ne m'en suis pas soucié de toute ma vie".

Dieu, dans sa miséricorde, nous a gardés en vie, toi et moi, pour que nous nous tournions vers lui et soyons sauvés, "et il n'y en a point d'autre."

Lorsqu'il dit "Car je suis Dieu, et il n'y en a point d'autre", il s'agit de deux déclarations, n'est-ce pas ? Car je suis Dieu et il n'y en a pas d'autre. Mais en même temps, il dit vraiment la même chose. "Je suis Dieu", et dans cette déclaration, il englobe tout.

Il n'y a pas d'autre Dieu.

Lorsque Dieu dit "Je suis Dieu", il dit que je suis suprême. Je suis souverain. Je suis le Seigneur.

Puis il dit : "Il n'y en a pas d'autre". Pensez aux fausses religions. Pensez à toutes les autres religions dans le monde, et aux milliers d'autres "g" minuscules "dieux". Le vrai Dieu déclare : "Je suis Dieu, et il n'y en a point d'autre."

Souvenez-vous de la première tentation. Le premier mensonge qui a été dit dans le jardin était : "Si vous mangez du fruit de l'arbre qui est au milieu du jardin, vous serez comme des dieux". Souvent, le dieu que nous adorons vraiment n'est pas celui qui se trouve "à l'extérieur", mais plutôt celui qui se trouve à l'intérieur de notre propre cœur.

> Dieu dit : "Tournez-vous". "Tournez-
> vous vers Moi. . . ." Ne vous regardez
> pas vous-même. Ne regardez rien
> d'autre. "Regarde-moi",
> Il l'ordonne.

Dieu dit : "Tournez-vous". "Tournez-vous vers Moi. . . ." Ne vous regardez pas vous-même. Ne regardez rien d'autre. "Regarde-moi", ordonne-t-il. Ce mot "Tourne" est à la fois un ordre et une invitation, n'est-ce pas ?

C'est une invitation à se tourner, comme lorsque Jésus dit : "Venez à moi, vous tous qui êtes fatigués et chargés, et je vous donnerai du repos" (Matthieu 11.28).

Mais c'est aussi un commandement parce que Dieu est l'autorité ; nous ne le sommes pas. *Dieu* l'a ordonné. Dieu dit qu'il avait auparavant ignoré l'ignorance de l'homme "annonce maintenant à tous les hommes, en tous lieux, qu'ils aient à se repentir" (Actes 17.30).

Il est remarquable que Dieu offre le salut à des

pécheurs rebelles. Nous ne le méritons certainement pas. C'est une bonne nouvelle. Ce qui est encore plus étonnant, c'est le moyen que Dieu a utilisé pour rendre cette offre disponible.

Isaïe a prophétisé sur Jésus en écrivant : "Nous étions tous errants comme des brebis, Chacun suivait sa propre voie ; Et l'Éternel a fait retomber sur lui l'iniquité de nous tous" (Ésaïe 53.6). Dieu lui-même, en la personne de Jésus-Christ, a quitté toutes les gloires du ciel et est descendu sous la forme d'un homme. Il a vécu parmi nous sans péché et a totalement accompli la loi que nous ne pouvions pas observer. Et bien qu'innocent, il a été condamné, est mort sur la croix, a versé son sang pour nous en tant que sacrifice expiatoire pour notre péché. C'est étonnant.

"Tournez-vous vers moi, et vous serez sauvés..." est une offre, mais c'est aussi un commandement.

Marc ouvre son Évangile avec le début du ministère terrestre de Jésus, qui annonce : "Le temps est accompli, et le royaume de Dieu est proche. Repentez-vous, et croyez à la bonne nouvelle" (Marc 1.15). Le mot repentir signifie se retourner, c'est-à-dire se détourner de ses péchés. Tourner et faire quoi ? "Repentez-vous, et croyez", c'est-à-dire à la Bonne Nouvelle du salut tant attendu qui avait été promis et qui était maintenant venu en la personne de Jésus-Christ.

ÊTES-VOUS VENU À LUI ?

Permettez-moi de conclure en vous posant une question. La question est simple. C'est une question à laquelle il faut répondre par oui ou par non. Ce n'est

pas entre moi et toi. C'est une question à laquelle vous devez répondre, entre vous et Dieu :
Avez-vous obéi à Dieu ? Avez-vous répondu à son invitation ? Vous êtes-vous tourné vers Dieu ? Vous êtes-vous repenti de vos péchés ? Avez-vous reconnu : "Dieu, oui ; Ta Parole dit que je suis un pécheur et c'est tout à fait exact. Je suis d'accord. 100 %. Je sais que je le suis."
Avez-vous répondu à l'invitation de Dieu ? Avez-vous écouté l'ordre de Dieu ? Avez-vous obéi au commandement de Dieu ?
Il s'agit de questions auxquelles on peut répondre par oui ou par non. Ce sont des questions auxquelles vous devez répondre vous-même dans votre propre cœur. Vous pouvez me dire ce que vous voulez. Vous dites aux autres ce que vous voulez. Vous pouvez même vous dire ce que vous voulez et vous y faire croire. Mais en fin de compte, Dieu connaît le vrai vous. C'est entre vous et Dieu, comme ce sera le cas au dernier jour, lorsque vous vous tiendrez devant lui en jugement. Il n'y aura plus que vous et Dieu.

> *Il s'agit de questions auxquelles on peut répondre par oui ou par non. Ce sont des questions auxquelles vous devez répondre vous-même dans votre propre cœur.*

Aujourd'hui, à travers ce livre, j'apporte cette Bonne Nouvelle tout comme je l'ai apportée à mes amis de la maison de retraite ce dimanche matin. Je partage avec vous la même invitation que j'ai partagée avec eux. Et je vous supplie d'obéir à ce commandement, comme je l'ai fait pour eux.

Jean 3.16 est probablement le verset le plus célèbre de toute la Bible et il dit ceci :

Car Dieu a tant aimé le monde qu'il a donné son Fils unique, afin que quiconque croit en lui ne périsse point, mais qu'il ait la vie éternelle.

C'est la bonne nouvelle. C'est l'espoir que vous pouvez avoir. Dieu peut laver vos péchés, vous purifier et faire de vous une nouvelle personne. Il peut vous donner un cœur nouveau, dit la Bible. Il prendra votre cœur de pierre et vous donnera un cœur de chair et mettra en vous un esprit nouveau (Ezéchiel 36.26).

Si vous ne l'avez pas encore deviné, j'ai écrit ce livre dans un seul but, celui de vous annoncer l'Évangile, la Bonne Nouvelle. Pourquoi ? Parce que

JÉSUS CHANGE TOUT.

Mon message aujourd'hui est le même que celui du premier chant ce matin-là dans la maison de retraite. Il y a deux mots : *Jésus sauve*. Le savez-vous aujourd'hui ? Je prie pour que vous le fassiez.

Votre histoire

Plusieurs Samaritains de cette ville crurent en Jésus à cause de cette déclaration formelle de la femme : Il m'a dit tout ce que j'ai fait.
(Jean 4.39)

L'histoire de la femme au puits est peut-être l'histoire la plus célèbre de tout le Nouveau Testament concernant le fait de parler de Jésus à d'autres personnes. Tout d'abord, elle ne s'est pas contentée de parler de Jésus, elle a partagé Jésus—elle est retournée en ville pour inviter tout le monde à "Venez voir un homme qui m'a dit tout ce que j'ai fait ; ne serait-ce point le Christ ?" (Jean 4.29).

On a dit de la prédication du Dr Martyn Lloyd-Jones, prédicateur gallois à Londres au vingtième siècle, que lorsqu'il prêchait, ce n'était pas comme s'il parlait simplement de Dieu. Au contraire, les gens disaient qu'en l'écoutant, c'était comme s'il était allé dans une arrière-salle, avait fait sortir Dieu et l'avait présenté aux gens. C'est dire à quel point sa prédication du Christ était vivante et puissante.

ENTHOUSIASTE OU FATIGUÉ

Je ne suis pas un fan de sport, rien de tout cela ne m'intéresse. Mais lorsque je parle à des fans de sport et qu'ils me décrivent les joueurs, les rivalités ou l'enjeu de la grande rencontre du week-end, je trouve leur enthousiasme contagieux. À ce moment-là, je suis intéressé. Lorsque j'entends des gens raconter comment Jésus a changé leur vie, je m'arrête, j'écoute et je suis fasciné par leur histoire.

Récemment, j'ai écouté un homme raconter l'histoire de ses douze années de toxicomanie et la façon dont Jésus l'a libéré. C'était il y a douze ans, il est donc abstinent depuis aussi longtemps qu'il consommait de la drogue. Il avait gâché sa vie, mais Dieu, comme il le fait miraculeusement, l'a sauvé et l'a guéri. Dieu ne lui a pas seulement donné une nouvelle vie. Il lui a donné une histoire à raconter, un témoignage à partager. "Venez voir un homme..."

Il est intéressant de noter que ce même jour, j'ai lu l'histoire d'un joueur de baseball professionnel qui était devenu chrétien. Cet homme s'était enflammé pour Jésus, comme on l'a raconté. Il abandonne tous les vices de la vie sur la route et devient un homme différent... mais pas pour longtemps.

Il avait gâché sa vie, mais Dieu, comme il le fait miraculeusement, l'a sauvé et l'a guéri.

Des années plus tard, l'écrivain relatant la conversion du joueur de baseball l'a rencontré dans un stade, où il rencontrait des fans. L'écrivain a fait la queue pendant que le joueur signait des balles, des casquettes et avait toutes les interactions habituelles des fans avec les joueurs de baseball à la retraite. Lorsque l'écrivain l'a rencontré et lui a demandé s'il était toujours "enflammé pour Jésus", l'homme a baissé la tête et a admis : "Pas comme avant". Quoi qu'il se soit passé entre lui et sa relation avec Jésus, le feu du témoignage de cet homme s'est éteint.

De nombreuses personnes diraient qu'elles ont vécu la même expérience. Peut-être même vous. La raison de ce genre d'épuisement spirituel est qu'il y avait une pénurie. Un feu brûle parce que trois éléments sont présents : Le combustible, la chaleur et l'oxygène. Réduisez ou supprimez l'un de ces éléments et le feu finira par s'éteindre. Je ne veux pas forcer l'illustration, mais lorsque quelqu'un *était* "en feu pour Jésus", il est évident que quelque chose de vital n'est plus là. Ce type de personne ne prie plus. Il ne lit plus la Bible. Les personnes de ce type dérivent comme des chenilles, entrant dans une église et sortant d'une autre. La crise qui les a mis à genoux est passée. Ils sentent qu'ils peuvent à nouveau voler de leurs propres ailes ; ils n'ont plus besoin du Seigneur. Ou peut-être ont-ils simplement décidé, comme Démas dans la Bible, qu'ils aiment trop ce monde pour le laisser tomber (2 Timothée 4.10).

UNE PISTE GLORIEUSE

Cela soulève un autre point. Si vous passez un peu de temps dans un cercle de chrétiens, même s'il s'agit d'une poignée d'entre eux, ils se mettent rapidement à parler du Seigneur. Et si vous écoutez leurs témoignages, comme je l'ai fait, vous vous apercevez d'une réalité universelle intéressante : Chaque témoignage d'un vrai chrétien qui suit Jésus-Christ comporte une personne ou une chose qu'il a laissée derrière lui pour le suivre.

Je ne saurais vous dire combien de chrétiens j'ai rencontrés qui, lorsqu'ils racontent comment Dieu les a sauvés, racontent qu'ils ont été rejetés par quelqu'un à cause de leur nouvelle foi, qu'ils ont renoncé à la drogue, à l'alcool, à la pornographie ou à la colère, ou que cela leur a coûté quelque chose qui leur était cher autrefois. J'ai dit à maintes reprises que derrière chaque vrai disciple du Seigneur Jésus-Christ se cache une traînée de trésors de ce monde, tous abandonnés *pour Lui.* Dieu n'appelle pas chaque chrétien à devenir un prédicateur comme le Dr Martyn Lloyd-Jones. Mais Dieu appelle les chrétiens à parler de Jésus aux autres. Et il est juste de dire que lorsqu'un chrétien parle de Jésus à d'autres, l'auditeur devrait pouvoir détecter une vitalité authentique, un enthousiasme humble et reconnaissant.

Mais qu'en est-il lorsqu'un chrétien ne se sent pas particulièrement enthousiaste ? Et quand la vie est difficile ? Il est vrai que lorsque nous venons à Jésus, nous ne sommes pas soudainement immunisés contre les difficultés de la vie. Les chrétiens ont toujours de bons et de mauvais jours. Cependant, demandez à n'importe quel chrétien et il vous dira que même une "mauvaise" journée avec le Seigneur est meilleure qu'une "bonne" journée sans Lui.

Dieu fait passer son peuple par des moments de joie et, à d'autres moments, il peut exiger qu'il traverse de longues épreuves. Mais à travers tout cela, le feu du témoignage d'un chrétien ne s'éteint jamais.

Dieu fait passer son peuple par des moments de joie et, à d'autres moments, il peut exiger qu'il traverse de longues épreuves. Mais à travers tout cela, le feu du témoignage d'un chrétien ne s'éteint jamais. Lorsqu'un chrétien parle de Jésus aux autres, ceux-ci doivent ressentir une conviction profonde et humble, une lueur interne ardente, comme l'acier devient brûlant dans la fournaise.

Nous avons tous une histoire. Je suis sûr que si j'avais l'occasion de m'asseoir avec vous pour écouter l'histoire de votre vie, ce serait fascinant. Vous ne le pensez peut-être pas. Vous vous dites peut-être : "Oh, je n'en sais rien, le mien est plutôt ordinaire". Elle n'est ordinaire que pour vous, parce que vous êtes celui qui l'a vécue.

Tout au long du temps que nous avons passé ensemble, j'ai cherché à montrer de manière très générale comment *Jésus a tout changé*. En avez-vous eu un aperçu ? Quelle sera la suite de votre histoire ?

Il n'y a que deux façons dont votre histoire se termine. En dehors du Christ, tous vos péchés *seront* révélés au jour du jugement. Vous devrez rendre des comptes. Sans le sang versé par le Christ pour couvrir vos péchés, c'est une terrible éternité en enfer qui vous attend.

L'autre choix est le suivant : Quoi qu'il se soit passé dans votre vie jusqu'à présent, quoi que vous ayez fait, si vous vous repentez de vos péchés et que vous vous tournez vers Jésus pour obtenir son pardon, il vous pardonnera. Tous vos péchés passés seront pardonnés, même les péchés privés dont vous avez tellement honte. Le Seigneur les connaît tous et sera bienveillant à l'égard de chacun d'entre eux, qu'il soit passé, présent ou futur.

Quoi qu'il se soit passé dans votre
vie jusqu'à présent, si vous vous

repentez de vos péchés et croyez en
Jésus-Christ pour le pardon et le salut
de vos péchés, il vous pardonnera,
vous purifiera et vous présentera
"irréprochable" au Père.

Vous considérez-vous comme un chrétien ? Avez-vous essayé de suivre Jésus mais, comme tant d'autres, vous l'avez finalement abandonné lorsque les choses sont devenues trop difficiles ? Êtes-vous en train de baisser la tête de honte comme ce joueur de baseball, qui n'est plus "en feu pour Jésus" ? Si vous couriez aujourd'hui dans votre ville pour parler de Jésus aux autres, comme l'a fait la femme au puits, quelqu'un croirait-il en Jésus à cause de votre témoignage ?

Permettez-moi de conclure par des paroles d'espoir. Tout au long de son histoire, Israël—le peuple choisi par Dieu à travers Abraham—a souvent été inconstant et incrédule dans sa loyauté envers le Seigneur. À maintes reprises, le Seigneur leur a envoyé des prophètes pour leur annoncer son jugement à leur encontre, à moins qu'ils ne se détournent de leur rébellion et reviennent à lui. Par l'intermédiaire d'un de ces prophètes, Malachie, le Seigneur a promis au peuple : "Revenez à moi, et je reviendrai à vous, dit l'Éternel des armées" (Malachie 3.7).

Le message de Dieu à son peuple est le même pour vous aujourd'hui : Il n'est pas trop tard. Que vous n'ayez jamais connu Jésus ou que vous l'ayez connu il y a longtemps, mais que votre relation avec lui ne soit plus ce qu'elle était, Jésus est patient et bon. L'invitation du Seigneur vous est toujours adressée :

Venez à moi, vous tous qui êtes fatigués et chargés, et je vous donnerai du repos. Prenez mon joug sur vous et recevez mes instructions, car je suis doux et humble de coeur ; et vous trouverez du repos pour vos âmes. Car mon joug est doux, et mon fardeau léger.
(Matthieu 11.28-30)

Notes de fin

1. Vance Havner *Day by Day : A Book of Bible Devotions* Fleming H. Revell Company. Old Tappan, New Jersey, 1953. Page 256. Ou voir http ://vancehavner.com/devotion-of-the-day-497/

2. Psychology Today, "A Collection of Last Words". https://www.psychologytoday.com/us/blog/understanding-grief/201704/collection-last-words

3. Albert Barnes, Barnes' *Notes on the Bible*. Jean 14.1.

À PROPOS D'ANTOINE RUSSO

Pendant vingt ans, Antoine Russo a été un chrétien culturel nominal. Jusqu'en septembre 2005, date à laquelle le Seigneur l'a sauvé de justesse. "Je suis vraiment ce que la Bible appelle "né de nouveau". Je ne suis plus celle que j'étais, ma vie et mon cœur sont complètement différents. L'égoïsme, la culpabilité et la honte ont été remplacés par un véritable amour de Dieu et des hommes. Jésus a changé ma vie. Il peut aussi changer les vôtres".

Depuis, Antoine veut parler de Jésus au monde entier. Il est l'auteur de plusieurs dévotionnels de 30 jours pour *Anchor*, le ministère de dévotion de Haven Today, de nombreux articles de blog et du livre Lieux agréables : Réflexions sur la vie chrétienne.

Antoine Russo est le créateur et, avec sa femme Aimee, le co-animateur du podcast chrétien hebdomadaire Radio Grâce et Paix, disponible sur votre application de podcast préférée, La communauté chrétienne des podcasts, ou sur GraceandPeaceRadio. com.

Antoine est titulaire d'une maîtrise en conseil biblique et d'une maîtrise en théologie du Luther Rice Collège et séminaire. Aimée et lui vivent à Greenville, en Caroline du Sud.

Made in the USA
Columbia, SC
11 August 2023